BREAKTHROUGH
SPANISH
ACTIVITY BOOK
THIRD EDITION

Sandra María Truscott

Co-ordinator, The Languagewise Programme,
University of Manchester

General Editor
Brian Hill

Head of the School of Languages,
University of Brighton

First edition 1994
Second edition 1997
Third edition 2003
Published by
PALGRAVE MACMILLAN
Houndmills, Basingstoke, Hampshire RG21 6XS and
175 Fifth Avenue, New York, N.Y. 10010
Companies and representatives throughout the world

PALGRAVE MACMILLAN is the global academic imprint of the Palgrave
Macmillan division of St. Martin's Press, LLC and of Palgrave Macmillan Ltd.
Macmillan® is a registered trademark in the United States, United Kingdom
and other countries. Palgrave is a registered trademark in the European
Union and other countries.

ISBN 1–4039–1671–3

This book is printed on paper suitable for recycling and made from fully
managed and sustained forest sources.

A catalogue record for this book is available from the British Library.

10 9 8 7 6 5 4 3 2
12 11 10 09 08 07 06 05 04

Printed in China

Acknowledgements

The author and publishers wish to thank the following for permission to use copyright
material: Pili Batley-Matías for the photograph on p. 29; Sociedad Española de
Radiodifusión for Cadena Ser advertising material.

Every effort has been made to trace all the copyright holders, but if any have been
inadvertently overlooked the publishers will be pleased to make the necessary
arrangement at the first opportunity.

Contents

Introduction

Breakthrough Activity Books are a self-study resource for
language learners. First and foremost they are designed to provide
extra practice in reading and writing skills in a digestible, enjoyable
and easy-to-follow format.

They are based on the content of the successful Breakthrough
language courses and they are ideal for learners who are using or
have used Breakthrough. They are of equal value however to people
who have been following other first-level radio, television or tape-
based courses. The Activity Books take as their starting point the
crucial topics you need when visiting or developing contacts in
overseas countries. So, you find yourself involved in activities to
help you when you are introducing yourself; describing your family,
your job, or your town; asking for directions; shopping; ordering
meals or booking rooms; saying what you like or dislike; talking
about your holidays or saying goodbye.

The books are particularly appropriate for people who have made
reasonable progress in listening and speaking, but who feel they now
need something a bit more concrete to reinforce the vocabulary and
structures they have learned. The activities, therefore, have been
carefully selected to practise key language points in a palatable way.

Everything is carefully explained and you should have no
difficulty knowing what you are expected to do. At the end of each
unit are full answers, so you can check how you are doing. These
have been made as comprehensive as possible, so you can sort out
where you went wrong.

Everybody works at a different pace, but on average you should
expect to spend 1–1½ hours working through each unit. It is a good
idea to have a dictionary handy to check on any words you don't
know. You might also find it fun to work through the book with
somebody else in your family or with friends. Two or three heads are
better than one and you can help each other. You can work at home,
in your lunch breaks or even on plane or train journeys.

The *Breakthrough Activity Books* are ideal for practising,
refreshing and developing your language skills in an easy-going way
which nevertheless covers the ground thoroughly. When you feel
that you have mastered the activities in the 15 units you will have a
sound base to make the most of holidays, visits from friends and the
many situations where language skills open up hitherto closed
doors.

Brian Hill
General Editor

MAKING NEW FRIENDS

Exercise 1   Here's something easy to start with. Try to match up some of the everyday phrases you might use in Spain with their English equivalents.

a.	gracias	i.	please
b.	buenos días	ii.	hallo
c.	señorita	iii.	good afternoon
d.	hola	iv.	very good
e.	por favor	v.	thanks
f.	muy bien	vi.	good morning
g.	buenas tardes	vii.	how are you?
h.	encantado	viii.	yes
i.	¿qué tal?	ix.	miss
j.	sí	x.	pleased to meet you

Exercise 2   Can you remember the verb **ser**, 'to be'? Choose the correct form for each sentence from the box below.

Extra vocabulary   **mis padres**   my parents

a.   .... Juan. ¿Y tú?

b.   Tú .... Pepe, ¿verdad?

c.   .... la señora de Birmingham.

d.   .... ingleses, de Leeds.

e.   Pablo y Pilar, ... de Valencia ¿no?

f.   Mis padres .... profesores.

g.   Y ustedes ¿de dónde .... ?

h.   ¿ .... usted la señora Fernández?

somos	es	es	sois	son	soy	son	eres

Exercise 3 Look at the cartoons below and label them according to
nationality. Remember to add an 'a' if the person is a woman.
The exception is **canadiense** which doesn't change.

a. Es ....

b. Es ....

c. Es ....

d. Es ....

e. Es ....

f. Es ....

g. Es ....

h. Es ....

i. Es ....

Exercise 4 These are the questions that a young Catalan student was asked by our interviewer. What did she reply? Fill in the answers from the suggestions below.

Interviewer ¡Hola María! ¿qué tal?

María ....

Interviewer María, ¿de dónde eres?

María ....

Interviewer ¡Ah! ¿Eres catalana?

María ....

Interviewer Y ¿hablas catalán?

María ....

Interviewer ¡Muy bien! ¿Y trabajas?

María ....

Interviewer ¿Y estudias?

María ....

Interviewer ¡Estudias y trabajas! ¡Estupendo!

> **Sí, estudio inglés y francés.   Bien, gracias.**
>
> **Sí, soy catalana.   Soy de Barcelona.**
>
> **Sí, trabajo en un banco, el Banco Catalán.**
>
> **Sí, hablo catalán y español. Soy bilingüe.**

Exercise 5 Look at the photo in which Sandra is introducing Teresa and Juan. Translate the conversation between them into Spanish.

Sandra Hallo, how are you? Teresa, this is Juan. Juan, this is Teresa.

....

Teresa Fine, thank you. Delighted to meet you.

....

Juan Pleased to meet you.

....

Exercise 6 In the word search below you will find the names of five professions. If you need any help, look at the English equivalents below.

A	C	V	E	M	C	P	D	R	L	E	M
Z	A	S	F	H	G	C	V	E	N	M	Y
A	O	R	E	U	Q	U	L	E	P	S	T
F	U	I	B	V	C	X	M	Y	T	W	H
A	C	A	M	A	R	E	R	O	T	U	D
T	A	R	O	S	E	F	O	R	P	A	H
A	Z	X	V	D	G	J	L	L	G	A	D
E	S	T	U	D	I	A	N	T	E	I	R

waiter, student, hairdresser, teacher, air hostess

Exercise 7   This letter asking for a penpal was printed in a Spanish magazine. Write in the translation underneath and then check it against the answers on page 6.

> ¡Hola amigos!
>
> Soy Silvia Menéndez. Soy de Zaragoza y soy estudiante de idiomas (francés y alemán). También trabajo de camarera en un restaurante. Hablo francés, alemán y español. Mi dirección es:
>
> Torre Greco 71, Ejea de los Caballeros, Zaragoza.

....

....

....

....

....

....

....

....

ANSWERS

Exercise 1
a. v **b.** vi **c.** ix **d.** ii **e.** i **f.** iv **g.** iii **h.** x **i.** vii **j.** viii

Exercise 2
a. soy **b.** eres **c.** es **d.** somos **e.** sois **f.** son **g.** son **h.** es

Exercise 3
a. es canadiense **b.** es española **c.** es francés **d.** es español
e. es inglés **f.** es canadiense **g.** es norteamericano **h.** es alemana
i. es inglesa

Exercise 4

Interviewer	¡Hola María! ¿qué tal?
María	Bien, gracias.
Interviewer	María, ¿de dónde eres?
María	Soy de Barcelona.
Interviewer	¡Ah! ¿Eres catalana?
María	Sí, soy catalana.
Interviewer	Y ¿hablas catalán?
María	Sí, hablo catalán y español. Soy bilingüe.
Interviewer	¡Muy bien! ¿Y trabajas?
María	Sí, trabajo en un banco, el Banco Catalán.
Interviewer	¿Y estudias?
María	Sí, estudio inglés y francés.
Interviewer	¡Estudias y trabajas! ¡Estupendo!

Exercise 5

Sandra	Hola, ¿qué tal? Teresa, éste es Juan. Juan, ésta es Teresa.
Teresa	Muy bien. Encantada.
Juan	Encantado.

Exercise 6
profesora, camarero, peluquero, estudiante, azafata

Exercise 7
Hallo friends!

I'm Silvia Menéndez. I'm from Zaragoza and I am a student of languages (French and German). I also work as a waitress in a restaurant. I speak French, German and Spanish. My address is:

71 Torre Greco, Ejea de los Caballeros, Zaragoza.

2   TALKING ABOUT YOURSELF AND YOUR FAMILY

Exercise 1   *How are your maths?*

Work out the answers to these sums and write in the answers in words.

a.   3 x 5 – 5 = ...

b.   1 – 0 + 6 = ...

c.   8 + 5 – 4 = ...

d.   2 + 2 – 1 = ...

e.   8 + 2 – 5 = ...

f.   4 x 1 + 2 = ...

g.   10 – 9 + 0 = ...

h.   5 x 2 – 8 = ...

i.   3 x 4 – 8 = ...

j.   12 – 4 = ...

Exercise 2   Look at the picture below and try to memorise each item sold.
Then cover the picture over and write out the name of each
item in Spanish. There are seven.

a.   ....

b.   ....

c.   ....

d.   ....

e.   ....

f.   ....

g.   ....

Exercise 3 Take another look at the department store and then say whether these statements are true (**verdad**) or false (**mentira**).

		verdad	mentira
a.	Los pantalones están en la segunda planta.	☐	☐
b.	Los juguetes están en el sótano.	☐	☐
c.	Los sombreros están en la segunda planta.	☐	☐
d.	Las cremas para la piel están en la planta baja.	☐	☐
e.	El pan está en la primera planta.	☐	☐
f.	El vino está en la planta baja.	☐	☐
g.	El café está en el sótano.	☐	☐

Exercise 4   A company is trying to find out what sort of people use its materials. Answer the interviewer's questions as though you were first Anne Sinclair, and then John MacGregor.

ANNE SINCLAIR
MARRIED – TWO CHILDREN, A BOY AND A GIRL
THE BOY, PAUL, IS TWO – THE GIRL, ALICE, IS FOUR

Interviewer	Un momento por favor. ¿Cómo te llamas?
Anne	....
Interviewer	¿Y estás casada o eres soltera?
Anne	....
Interviewer	¿Tienes hijos?
Anne	....
Interviewer	¿Hijos o hijas?
Anne	....
Interviewer	¿Cómo se llama tu hijo?
Anne	....
Interviewer	¿Y tu hija?
Anne	....
Interviewer	¿Y cuántos años tiene Pablo?
Anne	....
Interviewer	¿Y Alicia?
Anne	....
Interviewer	Muchas gracias.

JOHN MACGREGOR
UNMARRIED – SCOTTISH (**ESCOCÉS**) FROM GLASGOW
GIRLFRIEND CALLED PAM FROM FIFE

Interviewer	Señor, por favor. ¿Cómo se llama usted?
John	....
Interviewer	¿Y es inglés?
John	....
Interviewer	¿De dónde es usted en Escocia?
John	....
Interviewer	¿Está usted casado?
John	....

Interviewer	Pero tiene novia.
John	....
Interviewer	Y su novia ¿cómo se llama?
John	....
Interviewer	¿Y es escocesa también?
John	....
Interviewer	Gracias.

Exercise 5   Here's a map of Peru. Look at the example and then write out the locations of the Peruvian towns. Remember the words next to the map.

el norte   the north
el este   the east
el oeste   the west
el centro   the centre
el sur   the south

a.   **Arequipa está en el sur del Perú.**

b.   **Cerro de Pasco** ....

c.   **Trujillo** ....

d.   **Tacna** ....

e.   **Lima** ....

f.   **Huancayo** ....

g.   **Piura** ....

h.   **Cajamarca** ....

i.   **Puno** ....

j.   **Cuzco** ....

k.   **San Lorenzo** ....

Exercise 6   Teresa Ortiz sees Silvia's letter (which you translated in Unit One) and decides to reply. Read her letter in which she talks about herself and her family.

Extra vocabulary   **menor**   younger, youngest
la tienda   shop
saludos cordiales   best wishes

Querida Silvia

Soy Teresa Ortiz y soy peruana, de la ciudad de Trujillo, provincia de la Libertad. Trujillo está en el norte del Perú en la costa pacífica. Tengo diecinueve años y tengo dos hermanos y tres hermanas. ¿Tienes hermanos también? ¿Cuántos tienes? Mi hermana mayor se llama Cristina y tiene veintinueve años. Mi hermano menor se llama Lucho y tiene dos años. También tengo novio: se llama Mario y tiene veintidós años. Trabajo en la planta baja de una tienda en Trujillo, en la sección de perfumería. Vendemos perfume, cremas para la piel, cosméticos etcétera.

Saludos cordiales de Teresa

Now are these statements true (**verdad**) or false (**mentira**)?

		verdad	mentira
a.	Teresa is Chilean.	☐	☐
b.	She lives in the north of Peru.	☐	☐
c.	Trujillo is on the Atlantic coast.	☐	☐
d.	There are six brothers and sisters in her family.	☐	☐
e.	Her oldest sister is twenty-eight.	☐	☐
f.	Her youngest brother is two.	☐	☐
g.	Her boyfriend is called Lucho.	☐	☐
h.	She is a shop assistant.	☐	☐

ANSWERS

Exercise 1
a. diez **b.** siete **c.** nueve **d.** tres **e.** cinco **f.** seis **g.** uno **h.** dos
i. cuatro **j.** ocho

Exercise 2
The items were: pan (bread), vino (wine), crema para la piel (skin cream), pantalones (trousers), sombreros (hats), juguetes (toys) and café (coffee)

Exercise 3
a. mentira **b.** mentira **c.** verdad **d.** verdad **e.** mentira **f.** mentira
g. verdad

Exercise 4
Me llamo Anne Sinclair. Estoy casada. Tengo dos hijos. Un hijo y una hija. (Mi hijo) se llama Paul/Pablo. (Mi hija) se llama Alice/Alicia. Pablo tiene dos años. Alicia tiene cuatro.
Me llamo John MacGregor. No, soy escocés. Soy de Glasgow. No, soy soltero. Sí, tengo novia. Se llama Pam. Sí, es escocesa, de Fife.

Exercise 5
b. Cerro de Pasco está en el centro del Perú.
c. Trujillo está en el norte/el oeste del Perú.
d. Tacna está en el sur del Perú.
e. Lima está en el oeste del Perú.
f. Huancayo está en el centro del Perú.
g. Piura está en el norte del Perú.
h. Cajamarca está en el norte del Perú.
i. Puno está en el sur del Perú.
j. Cusco está en el sur/el centro del Perú.
k. San Lorenzo está en el este del Perú.

Exercise 6
a. mentira **b.** verdad **c.** mentira **d.** verdad **e.** mentira **f.** verdad
g. mentira **h.** verdad
(By the way, **hermanos** can mean 'brothers', or 'brothers and sisters together' when talking about members of the family, as **hijos** can mean 'sons' or 'sons and daughters'.)

3 TALKING ABOUT WHERE YOU LIVE AND WHERE TO STAY

Exercise 1 Look at the young people in the Ortiz family and write out their ages in full.

a. Cristina – 29 años. **b.** Teresa – 19 años. **c.** Margarita – 18 años.

d. Juan José – 16 años. **e.** Lucho – 2 años. **f.** Rocío – 13 años.

a. **Cristina tiene** .... **años.**

b. **Teresa tiene** .... **años.**

c. **Margarita tiene** .... **años.**

d. **Juan José tiene** .... **años.**

e. **Lucho tiene** .... **años.**

f. **Rocío tiene** .... **años.**

Exercise 2 Try finding the opposite of the words in the left-hand column.

a.	a la derecha	i.	de matrimonio
b.	señoras	ii.	chica
c.	casa	iii.	soltero
d.	jardín	iv.	niño
e.	padre	v.	sur
f.	sencilla	vi.	piso
g.	ducha	vii.	caballeros
h.	adulto	viii.	a la izquierda
i.	casado	ix.	terraza
j.	chico	x.	baño
k.	norte	xi.	madre

....

Exercise 3   Can you unravel the name of each item? There's a clue to help.

a.   A street .... LCELA

b.   Where you sleep .... RDMIOOTOIR

c.   A modern sort of flat .... ETOPRAMNAAT

d.   Essential in a department store .... SCVIIRESO

e.   You eat here .... DRCMOEO

f.   To be found in the sky – or outside a hotel ....
LERESALTS

g.   To be found in a bedroom .... MAAC

h.   A married couple .... IRNOMAMTOI

i.   Rhymes with **coche** (car) .... HECON

j.   Despite the European Union, we still seem to need it!

.... AEAOPPTRS

Exercise 4 Read a description of where each object is to be found and then write in the word at the appropriate place on the table. You'll be using **al lado de** (at the side of), **a la derecha** (to the right), **a la izquierda** (to the left), **delante de** (in front of) and **detrás de** (behind).

Extra vocabulary **el lápiz** pencil
la caja de cerillas box of matches
el cigarrillo cigarette

a. La caja de cerillas está al lado de la crema, a la derecha.
b. Los cigarrillos están delante de la caja de cerillas.
c. El lápiz está delante del juguete y detrás de la crema.
d. La coca cola está a la izquierda de la crema.
e. El pan está delante de la coca cola.
f. El vino está detrás de la coca cola al lado del juguete.
g. El café está a la derecha del juguete.

Exercise 5 *Which do you prefer?*

In this exercise you are being offered the choice between one item or another. Reply using **prefiero**. You'll notice that sometimes you are addressed as **tú** and sometimes as **usted**. There's no reason for this – apart from giving you practice in both forms!

a. ¿Qué prefieres? ¿vino o café?

....

b. ¿Qué prefiere usted? ¿una habitación con ducha o con baño?

....

c. ¿Qué prefieres? ¿una casa o un piso?

....

d. ¿Qué prefieres? ¿Barcelona o Madrid?

....

e. ¿Qué prefieres? ¿el Atlántico o el Pacífico?

....

f. ¿Qué prefieres? ¿España o Francia?

....

g. ¿Qué prefieres? ¿Iberia o British Airways?

....

h. ¿Qué prefiere usted? ¿francés o alemán?

....

i. ¿Qué prefiere usted? ¿un jardín o una terraza?

....

j. ¿Qué prefieres? ¿un hotel o un apartamento?

....

Exercise 6 Look at this chit and then fill in your part of the dialogue appropriately. You can choose to be either **Gabriel** or **Gabriela**. One or two vocabulary items before you begin:

Extra vocabulary **firmar** to sign
el ascensor the lift

NOMBRE:	Gabriel(a) Valcárcel
NACIONALIDAD:	Boliviano/a
ESTADO CIVIL:	Soltero/a
No. HABITACIÓN:	13 (individual con ducha)
NOCHES:	2
FIRMA:	Gabriel(a) Valcárcel

Recepcionista	¡Hola, buenos días!
Gabriel(a)	Hallo, do you have a room? ....
Recepcionista	Por supuesto. ¿Para cuántas noches?
Gabriel(a)	For two nights. ....
Recepcionista	¿Cómo la prefiere – individual o doble?
Gabriel(a)	Single please. ....
Recepcionista	¿Con baño o con ducha?
Gabriel(a)	With a shower. ....
Recepcionista	Muy bien – la trece en la primera planta. ¿Cómo se llama usted?
Gabriel(a)	(Give your name) ....
Recepcionista	¿Y su nacionalidad?
Gabriel(a)	Bolivian. ....
Recepcionista	¿Me deja su pasaporte?
Gabriel(a)	Here you are. ....
Recepcionista	Firme aquí por favor. El ascensor está allí, a la izquierda.

Exercise 7 In this letter, Silvia replies to Teresa, telling her about where she lives. Read it through and then find the Spanish equivalent of the English phrases below.

Extra vocabulary
la carta the letter
el cuarto the room
escríbeme pronto write soon
el abrazo hug

> Ejea de los Caballeros
> 5 de mayo
>
> Querida Teresa:
> Gracias por tu carta. Yo vivo en Ejea de
> los Caballeros, en la provincia de Zaragoza que
> está en el norte de España. Tenemos una casa
> grande con cinco dormitorios y tres cuartos de baño.
> La casa tiene un jardín también grande, con
> una terraza al lado. Vivimos en la calle principal de
> Ejea: a la izquierda de la casa hay un banco y
> a la derecha, un colegio que se llama el Colegio
> de San José. Es el colegio de mis tres hermanos,
> Rosario, Sebastián y Joaquín. Yo soy estudiante
> en la Universidad de Zaragoza donde estudio
> idiomas.
> ¡Escríbeme pronto!
>   Un abrazo de
>
>   Silvia
> P.D. ¿Tienes correo electrónico? Mi dirección
> es silviamen@spanred.org

a. to the left of the house ....

b. to the right ....

c. thank you for your letter ....

d. five bedrooms and three bathrooms ....
....

e. it's in the north of Spain ....

f. I'm a student ....

g. with a terrace by the side ....

h. a school called St. Joseph's College ....
....

ANSWERS

Exercise **1**
a. Cristina tiene veintinueve años   **b.** Teresa tiene diecinueve años
c. Margarita tiene dieciocho años   **d.** Juan José tiene dieciséis años
e. Lucho tiene dos años   **f.** Rocío tiene trece años

Exercise **2**
a. viii   **b.** vii   **c.** vi   **d.** ix   **e.** xi   **f.** i   **g.** x   **h.** iv   **i.** iii   **j.** ii   **k.** v

Exercise **3**
a. calle   **b.** dormitorio   **c.** apartamento   **d.** servicios   **e.** comedor
f. estrellas   **g.** cama   **h.** matrimonio   **i.** noche   **j.** pasaporte

Exercise **4**
You should have put:
a. the matches to the right of the cream   **b.** the cigarettes in front of
the matches   **c.** the pencil in front of the toy and behind the cream
d. the coca cola to the left of the cream   **e.** the bread in front of the
coca cola   **f.** the wine behind the coca cola next to the toy   **g.** the
coffee to the right of the toy

Exercise **5**
You can choose either of all the options, so long as you use the form
prefiero.

Exercise **6**
¡Hola, buenos días! ¿Tiene una habitación?
Para dos noches.
Individual por favor.
Con ducha.
Gabriel(a) Valcárcel
Boliviano/a.
Aquí lo tiene/aquí tiene el pasaporte.

Exercise **7**
a. a la izquierda de la casa   **b.** a la derecha   **c.** gracias por tu carta
d. cinco dormitorios y tres cuartos de baño   **e.** está en el norte de
España   **f.** soy estudiante   **g.** con una terraza al lado   **h.** un colegio
que se llama el Colegio de San José

4 COFFEE – AND BAR SNACKS

Exercise 1 Write out the prices on this cafeteria bill as words.

Extra vocabulary **el bollo** sweet bun
la tostada toast

dos cafés	1,80€	**a.**	....
un zumo de naranja	2,25€	**b.**	....
un pastel de chocolate	3,35€	**c.**	....
un bollo	2,00€	**d.**	....
una tostada	1,95€	**e.**	....
un agua mineral	1,00€	**f.**	....

Exercise 2 During your trip to Spain, you've been charged the following amounts in bars and restaurants. The cost has been written out in words below. Fill in the figures beside them.

a. **vientiocho euros, treinta y ocho céntimos** ....

b. **diez euros, quince céntimos** ....

c. **veintiún euros, veinticuatro céntimos** ....

d. **nueve euros, cincuenta céntimos** ....

e. **dieciséis euros, sesenta céntimos** ....

f. **treinta euros, cuarenta y nueve céntimos** ....

g. **ocho euros, setenta y cinco céntimos** ....

h. **cuatro euros, noventa y cinco céntimos** ....

Exercise 3 Here are some phrases that you might hear in a restaurant or café in Spain. Match them up with their English equivalent.

a. **La cuenta por favor.**
b. **¿Cuánto es todo?**
c. **¿Solo o con leche?**
d. **Para mí calamares fritos.**
e. **¿Y para usted?**
f. **Una caña por favor.**
g. **Y un bocadillo de jamón para mi esposo.**
h. **¿Qué tapas tiene?**
i. **Una ensalada verde y una cerveza.**

i. A glass of beer please.
ii. With or without milk?
iii. A green salad and a beer.
iv. And a ham sandwich for my husband.
v. The bill please.
vi. How much is everything?
vii. What barsnacks do you have?
viii. Fried squid for me.
ix. And for you?

....

Exercise 4   For this conversation which takes place in a restaurant, choose the appropriate phrase from the box.

Cliente 1   ¡ .... !

Camarero   Sí, señores. ¿Qué desean?

Cliente 1   ¿ .... ?

Camarero   Por supuesto. Tenga.

Cliente 1   ....

Camarero   ¿Y para la señora?

Cliente 2   ¿ .... ?

Camarero   De jamón, queso, calamares...

Cliente 2   ....

Camarero   ¿Algo de beber?

Cliente 1   ....?

Cliente 2   ....

Camarero   O sea, una ensaladilla, un bocadillo y dos vinos. Enseguida los traigo.

> **Un vino blanco.**   **¿De qué son los bocadillos?**
>
> **¡Oiga camarero!**   **¿Nos trae el menú?**
>
> **Un vino tinto para mí. ¿Y para ti Teresa?**
>
> **A ver... una ensaladilla rusa para mí.**
>
> **Muy bien, una de queso.**

Exercise 5 Here is a menu from the **Cafetería Estrella**. Read it through and choose the items which you would like to order. Then fill in the replies to the waiter's questions. You might not know the following words:

Extra vocabulary
el arroz rice
la sidra cider
las patatas fritas chips
el huevo egg

```
        CAFETERÍA  ESTRELLA
          C/ JUAN DIEGO, 15
              LOGROÑO

RACIONES

Calamares a la romana          2,35€
Ensaladilla rusa               1,45€
Patatas fritas                 1,25€
Arroz Estrella                 2,65€
Croquetas                      2,10€

SANDWICHES

Mixto (jamón York, queso)      1,80 €
Mixto con huevo (jamón York,
    queso y huevo frito)       2.20€

BEBIDAS

Rioja                          4,25€
Ribeiro                        3,80€
½ Rioja                        2,95€
Sidra                          1,35€
Cerveza                        1,25€
```

Camarero	¿Qué desea señora?
Cliente	(choose a Russian salad)

....

Camarero	Lo siento, señora, no nos queda.
Cliente	Bueno pues... (choose a portion of croquettes)

....

Camarero	¿Algo más?
Cliente	Sí, (ask what the 'sandwich mixto' is made of)

....

Camarero	¿El mixto? Tiene jamón York y queso. Lo tenemos también con huevo.
Cliente	(No, a mixed sandwich without the egg)

....

Camarero	Bien. ¿Y algo de beber?
Cliente	(Choose a glass of cider)

....

Camarero	Muy bien, señora. Enseguida los traigo.

Exercise 6 It's Christmas Eve (**Nochebuena**) in Zaragoza and Silvia sends Teresa a postcard to wish her a happy festive season (**felices fiestas**).

Extra vocabulary
la comida food
comer to eat
el cordero lamb
la navidad Christmas
el champán champagne
beber to drink
el turrón nougat
la trucha trout

Querida Teresa:
Es la Nochebuena y mi familia y yo estamos en un restaurante en Zaragoza. Comemos comida tradicional y bebemos champán. De primero, comemos gambas a la plancha, de segundo, cordero o trucha, y de postre comemos flan, mazapán y ¡por supuesto! mucho turrón. ¡Delicioso! También bebemos un buen vino de Rioja y el champán tradicional. Y vosotros, ¿qué coméis y bebéis en el Perú en Navidad?
Te deseo a ti y a toda tu familia unas felices fiestas.

Silvia

Now fill in the menu which Teresa and her family had at Christmas.

EL GALEÓN
menú especial de Nochebuena

1° grupo ....

2° grupo ....

....

3° grupo ....

....

....

Bebidas ....

....

ANSWERS

Exercise 1
a. un euro, ochenta céntimos **b.** dos euros, veinticinco céntimos
c. tres euros, treinta y cinco céntimos **d.** dos euros
e. un euro, noventa y cinco céntimos **f.** un euro

Exercise 2
a. 28,38€ **b.** 10,15€ **c.** 21,24€ **d.** 9,50€ **e.** 16,60€ **f.** 30.49€
g. 8,75€ **h.** 4,95€

Exercise 3
a. v **b.** vi **c.** ii **d.** viii **e.** ix **f.** i **g.** iv **h.** vii **i.** iii

Exercise 4
¡Oiga, camarero! Sí señores. ¿Qué desean? ¿Nos trae el menú? Por
supuesto. Tenga. A ver... una ensaladilla rusa para mí. ¿Y para la
señora? ¿De qué son los bocadillos? De jamón, queso, calamares...
Muy bien, una de queso. ¿Algo de beber? Un vino tinto para mí. ¿Y
para ti, Teresa? Un vino blanco. O sea, una ensaladilla, un bocadillo
y dos vinos. Enseguida los traigo.

Exercise 5
Una ensaladilla rusa por favor / Bueno pues... una ración de
croquetas / ¿De qué es el sandwich mixto? / No, un sandwich mixto
sin huevo / Un vaso de sidra

Exercise 6
1: gambas a la plancha 2: cordero/trucha 3: flan, mazapán, turrón
Bebidas: champán y Rioja

NO RIGHT TURN

Exercise 1   You will remember that **se puede** means 'you can' and **no se puede** 'you cannot'. Link up each traffic sign with its equivalent in Spanish. ▪

a. **No se puede aparcar.**
b. **No se puede circular a más de cuarenta.**
c. **No se puede circular por esta calle.**
d. **No se puede girar a la izquierda.**
e. **No se puede circular en bicicleta.**
f. **No se puede girar a la derecha.**

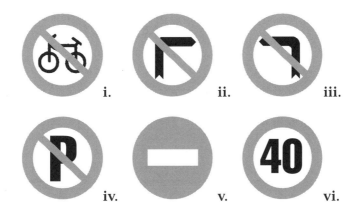

i.   ii.   iii.

iv.   v.   vi.

Exercise 2   Pepe wants to know how many kilometres it is to various Spanish cities. Jot down the equivalent in figures.

Pepe   ¿A cuántos kilómetros está Granada?

Paco   Mm... a unos doscientos treinta. **a.** ....

Pepe   ¿Y Córdoba?

Paco   A trescientos cuarenta. **b.** ....

Pepe   ¿Y sabes a cuántos kilómetros está Sevilla?

Paco   Más lejos. A cuatrocientos diez. **c.** ....

Pepe   ¿Y Jerez?

Paco   No lo sé. ¿A ciento cincuenta? **d.** ....

Ana   No, más. A ciento ochenta. **e.** ....

Exercise 3   How many of these methods of transport can you remember? Look at the list, then cover it over and see how many you can write down. There are ten items.

en tren	**en autobús**
en coche	**en avión**
en metro	**en bicicleta**
a pie	**en barco** (boat)
en autocar	**en coche de línea** (coach)

....

....

....

....

....

Exercise 4   Practise asking for these places, by using **¿para ir a...?** Don't forget that **a + el = al**.

Banco BBV	**FARMACIA**

a. ....   b. ....

El Prado	

c. ....   d. ....

Santiago	

e. ....   f. ....

El Corte Inglés	**Galerías Preciados**

g. ....   h. ....

Exercise 5   These phrases are all to do with asking and understanding no right turn. Link them up with their English equivalents.

a.   **Al otro lado.**
b.   **¿Tengo que pasar por la plaza?**
c.   **Todo seguido.**
d.   **¿Cómo se puede ir a la Plaza Mayor?**
e.   **Coge la segunda bocacalle.**
f.   **¿Qué significa 'calle'?**
g.   **A mano izquierda.**
h.   **Tiene que doblar la esquina.**
i.   **¿A cuántos kilómetros está?**
j.   **Está cerca.**

i.   How do you get to the Main Square?
ii.   On the left hand side.
iii.   What does 'calle' mean?
iv.   Straight ahead.
v.   On the other side.
vi.   How many kilometres away is it?
vii.   Do I have to go through the square?
viii.   Take the second turning.
ix.   You have to turn the corner.
x.   It's nearby.

Exercise 6   Look at this map of the centre of Mexico City. You are standing in **Cuauhtémoc** (39) facing west towards the **Paseo de la Reforma**. Where would you be if you followed these instructions? (You'll find the six possibilities at the end of the exercise.)

Extra vocabulary   **dar la vuelta**   *to turn around*

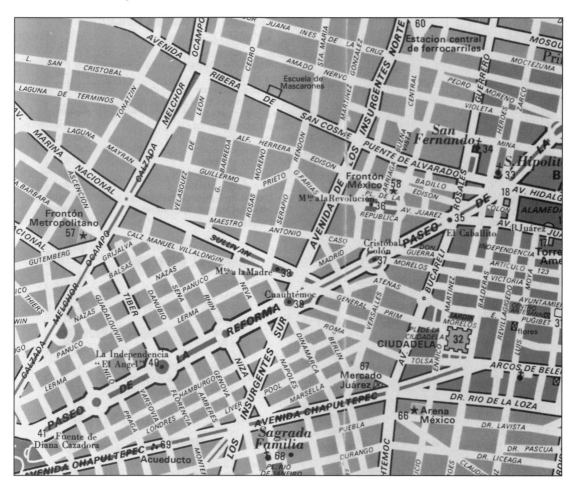

a.   Vaya todo recto hasta la Independencia. Luego tiene que coger la Avenida Tiber hasta la Calzada Melchor Ocampo. Está a la izquierda.

b.   Usted coge la Avenida de los Insurgentes Sur y cruza la Avenida Chapultepec. Doble a la izquierda y luego es la segunda bocacalle a la derecha. Está en la Plaza Río de Janeiro.

c.   Usted va toda la calle adelante y está al final.

d.   Usted da la vuelta y sube por la Avenida de los Insurgentes Norte. Tome la tercera bocacalle a la derecha. Está en la Plaza de la República.

e.	Usted da la vuelta y coge la Calle del General Prim. Vaya todo seguido hasta la Avenida Bucareli y está enfrente, al lado del Jardín Morelos.

f.	Tiene que coger la calle Dinamarca a la izquierda. Vaya todo recto hasta el final. Doble a la izquierda y está en la esquina con Avenida Bucareli.

La Fuente de Diana Cazadora (41)
La Ciudadela (32)
La Sagrada Familia (68)
El Monumento a la Revolución (36)
El Frontón Metropolitano (57)
El Mercado Juárez (67)

Exercise 7	On the phone, Teresa tells a friend how to get to her house by car. Read the transcript of her conversation.

Bueno, para venir a la casa tienes que coger la carretera hacia Zaragoza, la nacional 3. A unos diez kilómetros, verás el río y el puente a la izquierda y luego los indicadores para Ejea. Coges la carretera de Ejea a la derecha y vas todo recto, todo recto hasta la plaza principal del pueblo. Allí coges la tercera bocacalle a la derecha que es la calle Romero. Verás una farmacia a unos quinientos metros y nosotros estamos al otro lado de la calle, entre un colegio y un banco. ¿Vale?

Now, are these statements true (**verdad**) or false (**mentira**)?

		verdad	mentira
a.	Lo que hay que hacer es coger la carretera nacional tres.	☐	☐
b.	El amigo de Teresa verá el puente a la derecha.	☐	☐
c.	Se llega al río después de los indicadores para Ejea.		
d.	Su amigo tiene que conducir hacia la plaza principal del pueblo.	☐	☐
e.	La farmacia se encuentra a quinientos metros, en la calle Romero.	☐	☐
f.	La casa se encuentra entre un colegio y un banco.	☐	☐
g.	La calle Romero es la segunda bocacalle a la derecha.	☐	☐

ANSWERS

Exercise 1
a. iv **b.** vi **c.** v **d.** iii **e.** i **f.** ii

Exercise 2
a. 230 **b.** 340 **c.** 410 **d.** 150 **e.** 180

Exercise 4
a. ¿para ir al Banco BBV? **b.** ¿para ir a la farmacia? **c.** ¿para ir al Prado? **d.** ¿para ir al río? **e.** ¿para ir a Santiago? **f.** ¿para ir al puente? **g.** ¿para ir al Corte Inglés? **h.** ¿para ir a Galerías Preciados?

Exercise 5
a. v **b.** vii **c.** iv **d.** i **e.** viii **f.** iii **g.** ii **h.** ix **i.** vi **j.** x

Exercise 6
a. 57, El Frontón Metropolitano **b.** 68, La Sagrada Familia **c.** 41, La Fuente de Diana Cazadora **d.** 36, El Monumento a la Revolución **e.** 32, La Ciudadela **f.** 67, El Mercado Juárez

Exercise 7
a. verdad **b.** mentira **c.** mentira **d.** verdad **e.** verdad **f.** verdad **g.** mentira

Exercise 1 Try finding all seven days of the week in this **sopa de letras**.

```
L  S  E  L  O  C  R  E  I  M  J  Q
U  E  O  G  N  I  M  O  D  U  U  W
N  T  T  R  S  U  K  L  E  S  R  U
E  R  B  M  C  R  I  V  L  B  V  O
S  A  B  A  D  O  E  S  A  G  H  I
M  M  N  M  L  S  E  N  R  E  I  V
```

Exercise 2 Here are some dates which are famous in Spain or in other countries. Can you put them into Spanish? Remember the formula **el (uno) de (mayo)**.

a. the fourth of July ....

b. the twenty-fifth of December ....

c. the first of January ....

d. the seventeenth of March ....

e. the twenty-ninth of February ....

f. the sixth of January ....

g. the first of November ....

h. the fourteenth of July ....

i. the eighth of December ....

Exercise 3   Tell the time according to each clock. The first one is done for you.

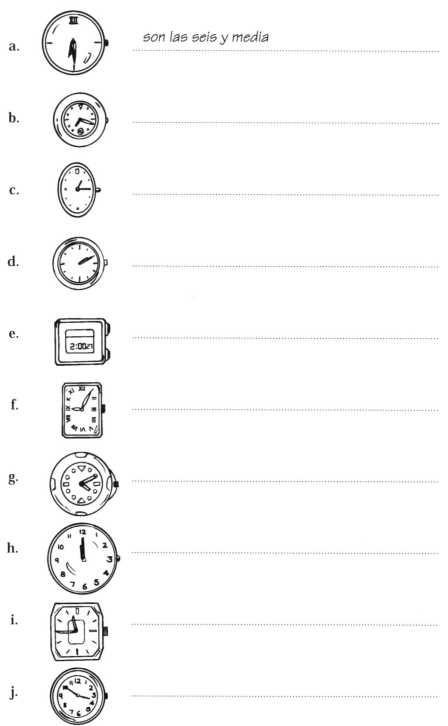

a.   *son las seis y media*
....

b.   ....

c.   ....

d.   ....

e.   ....

f.   ....

g.   ....

h.   ....

i.   ....

j.   ....

Exercise 4   Read this conversation which takes place in a railway station and choose the correct questions from the box below.

Cliente   ....

Empleado   ¿Por la mañana, por la tarde, por la noche?

Cliente   ....
Empleado   Tiene uno a las seis, otro a las ocho cuarenta y otro a las doce diez.

Cliente   ....

Empleado   Llega a las diez cincuenta y dos.

Cliente   ....

Empleado   Eso es.

Cliente   ....

Empleado   Sí, claro, sale en punto.

Cliente   ....

Empleado   Sí, todos los días hay trenes.

¿A qué hora sale el tren de Palencia?

¿Y a qué hora llega el de las ocho cuarenta?

¿Sale el tren siempre a su hora?

¿Y hay trenes los domingos?

O sea, tarda dos horas aproximadamente.

Por la mañana.

Exercise 5 Have a look at this publicity for the Spanish radio station **Cadena Ser** and then answer the following questions in Spanish.

GRACIAS A MUCHOS ESTAMOS AQUÍ.

Iñaki Gabilondo

Javier Sardá

Carlos Llamas

José Ramón de la Morena
Michael Robinson

José Domingo Castaño
Paco Gonzalez
Manolo Lama

| **HOY POR HOY**
De 6 a 12h. | **LA VENTANA**
De 16 a 19h. | **HORA 25**
De 20 a 24h. | **EL LARGUERO**
De 24 a 1,30h. | **CARRUSEL DEPORTIVO**
Sábados y Domingos. |

Cadena SER, La Primera Cadena de Radio en España. 3.065.000 Oyentes

Extra vocabulary **el oyente** listener   **empezar** to begin
                    terminar to end

a. ¿Cuántos oyentes tiene Cadena Ser?

    ....

b. ¿Cuántas horas dura el programa HORA 25?

    ....

c. ¿A qué hora empieza HOY POR HOY?

    ....

d. ¿Y a qué hora termina?

    ....

e. ¿EL LARGUERO termina por la mañana o por la tarde?

    ....

f. ¿Para qué días de la semana está programado CARRUSEL DEPORTIVO?

    ....

g. ¿Cuántas personas actúan en CARRUSEL DEPORTIVO?

    ....

Exercise 6   How is your telephone talk? The vowels are missing in these Spanish phrases. Fill them in to complete each sentence.

a.   t--n- qu- m-rc-r -l c-r- s--t-: you have to dial zero seven

b.   -sp-r- -l t-n-: wait for the tone

c.   -l n-m-r- d- l- c--d-d: the city code

d.   qu--r- h-c-r -n- ll-m-d-: I want to make a call

e.   -l -b-n-d-: the subscriber

f.   n- -st-: s/he isn't here

g.   - c-br- r-v-rt-d-: reverse charges

Exercise 7   Find all the words in this puzzle and an important day will appear in the grey column.

a.   a city on the east coast of Spain, beginning with **V**
b.   **el --- de enero** (this date has already occurred in the unit)
c.   **quiero hacer una** 'call'
d.   the Spanish word for 'time'
e.   the masculine form of 'the'
f.   open
g.   the opposite of clue 'f'
h.   the word for 'tomorrow' or 'morning'
i.   opposite of **día**
j.   a summer month

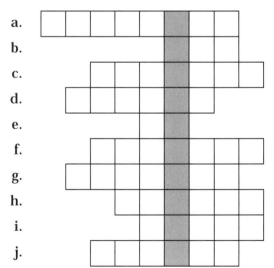

ANSWERS   Exercise 1

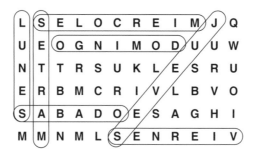

Exercise 2
a. el cuatro de julio   **b.** el veinticinco de diciembre   **c.** el uno/
primero de enero   **d.** el diecisiete de marzo   **e.** el veintinueve de
febrero   **f.** el seis de enero   **g.** el uno/primero de noviembre   **h.** el
catorce de julio   **i.** el ocho de diciembre

Exercise 3
b. son las siete y veinte   **c.** es la una y cuarto   **d.** son las dos y diez
e. son las dos   **f.** son las nueve y cinco   **g.** son las cuatro y diez
h. es el mediodía/ la medianoche   **i.** son las doce menos cuarto
j. son las cuatro menos diez

Exercise 4
¿A qué hora sale el tren de Palencia? / Por la mañana. / ¿Y a qué hora
llega el de las ocho cuarenta? / O sea, tarda dos horas
aproximadamente. / ¿Sale el tren siempre a su hora? / ¿Y hay trenes
los domingos?

Exercise 5
a. tres millones sesenta y cinco mil personas   **b.** cuatro horas   **c.** a
las seis de la mañana   **d.** a las doce (al mediodía)   **e.** por la mañana
f. los sábados y domingos   **g.** tres personas

Exercise 6
a. tiene que marcar el cero siete   **b.** espere el tono   **c.** el número de
la ciudad   **d.** quiero hacer una llamada   **e.** el abonado   **f.** no está
g. a cobro revertido

Exercise 7
The word is cumpleaños (birthday). The other words were: Valencia,
uno, llamada, tiempo, el, abierto, cerrado, mañana, noche, agosto

7 I'D LIKE TO BUY ...

Exercise 1   Look at these words or phrases and circle the odd one out:

a.   oliva   girasol   vegetal   maíz   jamón

b.   leche   zumo de manzana   queso

      jugo de tomate   agua mineral

c.   lata   bolsa   patatas   botellín   paquete   vaso

d.   ¿me da...?   yo quiero   ¿algo más?   ¿cuánto es?   ¿tiene cambio?

e.   mortadela   jamón   queso   huevos   salami

Exercise 2   Now try labelling these foods. You'll find the jumbled labels in the box below.

a. ....   b. ....   c. ....   d. ....

....

      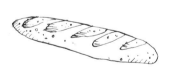   

e. ....   f. ....   g. ....   h. ....

....

botellas leche de dos   huevos una de docena

aceite botella una oliva de de

botellines de seis cerveza   barra una pan de   helado un

tomates kilo medio de   latas aceitunas dos de

Exercise 3   Here's Teresa's shopping list. Translate each item and then guess what the family is having for dinner.

espaguetis	....
1 kilo de carne	....
1 lata de tomates	....
1 lata de puré de tomate	....
1 litro de aceite de oliva	....
250 gramos de queso manchego	....
1 kilo de manzanas	

....

Exercise 4   Here's a short dialogue which takes place in a small grocery shop. You've been given the English version: just write in the Spanish equivalents which you'll find in the box below.

Shopkeeper   Hallo, what would you like? ....

Client   A kilo of apples please. ....

Shopkeeper   Small or large ones? ....

Client   Small ones. ....

Shopkeeper   Anything else? ....

Client   Yes, half a kilo of cheese. ....

Shopkeeper   Manchego or Edam? ....

Client   Edam. How much is everything? ....

Shopkeeper   6,40e ....

Client   Thanks. ....

Shopkeeper   Thanks to you. ....

> **Queso de bola. ¿Cuánto es todo?   ¿Algo más?**
> **Pequeñas.   Gracias.   Un kilo de manzanas por favor.**
> **¿Pequeñas o grandes?   ¿Manchego o queso de bola?**
> **Gracias a usted.   Seis euros, cuarenta céntimos.**
> **Sí, medio kilo de queso.   Hola, ¿qué desea?**

Exercise 5   Now for another dialogue, this time in a department store. Choose the correct form of word from the list below. Remember that adjectives need to 'agree' with their noun.

Extra vocabulary   **rebajado**   *reduced*

Empleada   ¡Hola, buenos días! ¿Qué desea?

Cliente   Sí, quiero una maleta, una (small one) ....

Empleada   Lo siento, maletas (small) .... no tenemos. Tenemos (these ones) .... Son (bigger) .... y están (reduced) ....

Cliente   Um... prefiero una maleta tipo bolso.

Empleada   Bolsos (small) .... también tenemos. Mire, (these ones) .... son (good) ....

Cliente   ¿Qué precio tienen? ¿Son (cheap) ....?

Empleada   Están muy bien de precio, además están (reduced) ....

baratos	**rebajados**
pequeña	**pequeños**
pequeñas	**éstas**
buenos	**más grandes**
rebajadas	**éstos**

Exercise 6 Now read the email from Teresa to Silvia and then check the correct words in the statement below.

Extra vocabulary **emocionante** exciting   **fresco** cool

---

3 de abril

¡Hola Silvia!

¿Qué tal estás? Yo estoy muy bien, muy contenta. Es mi cumpleaños el lunes de la semana que viene. Voy a tener una pequeña fiesta en casa el domingo, para celebrarlo, y vienen mis hermanos y amigos. Mañana voy a hacer un pastel muy grande, mejor que el del año pasado, con más chocolate, crema y huevos. Mi mamá los hace muy bien, pero estos días no está, está en Lima por una semana con su hermana mayor, mi tía Manuela. Lima es mejor que Trujillo, más grande y más emocionante. Yo también voy a Lima pero en el mes de julio cuando hace más fresco.

Un abrazo muy fuerte de Teresa.

a. It's Teresa's birthday next Monday
                                    Wednesday
                                    Friday

b. Teresa's mother is staying with Teresa's uncle
                                                        aunt
                                                        cousin

c. In Lima, it's cooler in June
                              July
                              January

d. Teresa's cake will have more coffee than last year
                                              chocolate
                                              coconut

e. Her mother's cakes are passable
                                good
                                very good

f. Trujillo is smaller than Lima
                    the same size as Lima
                    more boring than Lima

ANSWERS

Exercise 1

a. jamón: all the others are types of oil   **b.** queso: all the others are drinks   **c.** patatas: all the others are containers   **d.** yo quiero: all the others are questions   **e.** huevos: all the others are sold by weight

Exercise 2

a. dos latas de aceitunas   **b.** un helado   **c.** medio kilo de tomates
d. dos botellas de leche   **e.** seis botellines de cerveza   **f.** una docena de huevos   **g.** una barra de pan   **h.** una botella de aceite de oliva

Exercise 3

The family is having spaghetti bolognese, followed by cheese and fruit. The list had: spaghetti, 1 kilo of meat, 1 tin of tomatoes, 1 tin of tomato purée, 1 litre of olive oil, 250 grams of manchego cheese and 1 kilo of apples

Exercise 4

¿Hola, qué desea? /Un kilo de manzanas por favor. / ¿Pequeñas o grandes? / Pequeñas. / ¿Algo más? / Sí, medio kilo de queso. / ¿Manchego o queso de bola? / Queso de bola. ¿Cuánto es todo? / Novecientas setenta y ocho pesetas. / Gracias. / Gracias a usted.

Exercise 5

Empleada   ¡Hola, buenos días! ¿Qué desea?
Cliente   Sí, quiero una maleta, una pequeña.
Empleada   Lo siento, maletas pequeñas no tenemos. Tenemos éstas. Son más grandes y están rebajadas.
Cliente   Um... prefiero una maleta tipo bolso.
Empleada   Bolsos pequeños también tenemos. Mire, éstos son buenos.
Cliente   ¿Qué precio tienen? ¿Son baratos?
Empleada   Están muy bien de precio, además están rebajados.

Exercise 6

a. Monday   **b.** aunt   **c.** July   **d.** chocolate   **e.** very good   **f.** smaller/more boring than Lima

Exercise 1   Can you label these outfits? You may need to look at the vocabulary in the box below.

> **la falda**   **la camisa**   **las sandalias**   **los zapatos**
> **la corbata**   **el cinturón**   **la blusa**   **el sombrero**
> **la chaqueta**   **el pantalón**

Exercise 2   Who do you think might be shopping for the following items? Link up each article with the most appropriate person.

Extra vocabulary   **la mantilla** mantilla   **la seda** silk
                     Isabel Elizabeth   **Carlos** Charles

   a.   **una mantilla grande y negra**
   b.   **un pañuelo de cabeza, de seda natural**
   c.   **una raqueta y unas pelotas de tenis**

d. un chandal, un balón y unas botas
e. un blazer azul marino y un pantalón blanco

i. la Reina Isabel de Inglaterra
ii. Gabriela Sabatini
iii. la Reina Sofía de España
iv. Diego Maradona
v. el Príncipe Carlos de Inglaterra

Exercise 3   You're in a department store, buying a mantilla as a gift. Fill in your role in the conversation by choosing the correct responses from the box.

Dependienta   Buenas tardes, señora, ¿qué deseaba?

Clienta   ....

Dependienta   Por supuesto. ¿Es para usted?

Clienta   ....

Dependienta   Para su madre. ¿Y qué precio quería pagar?

Clienta   ....

Dependienta   ¿Y de qué color la quiere?

Clienta   ....

Dependienta   Las tenemos en negro, blanco, azul, gris...

Clienta   ....

Dependienta   Negro. Muy bien. ¿Qué le parece ésta?

Clienta   ....

Dependienta   ¿Más grandes? Sí, éstas, por ejemplo.

Clienta   ....

Dependienta   Un momento... ésta es ciento veintitrés euros.

Clienta   ....

> **Muy bien. Me quedo con ésta.**
> **¿Qué colores hay?   ¿Las hay más grandes?**
> **Buenas tardes. ¿Venden ustedes mantillas?**
> **No, es para mi madre.   Prefiero negro.**
> **¿Cuánto cuesta ésta?   Sobre los cien euros.**

Exercise 4 Read this dialogue which takes place in a chemist's shop.

Farmacéutico Sí, señorita, ¿qué necesita?
Señorita Mire, no me siento muy bien.
Farmacéutico ¿Ah no? ¿Qué le pasa?
Señorita Pues tengo un dolor de cabeza.
Farmacéutico ¿Fuerte?
Señorita Bastante, sí.
Farmacéutico ¿Otros síntomas tiene?
Señorita Sí, también tengo dolor de estómago.
Farmacéutico ¿Y tiene fiebre?
Señorita No lo sé... bueno, un poco, quizá...
Farmacéutico Mire usted, le voy a dar un jarabe para el dolor de estómago. Tómelo tres veces al día. Luego, hay estas aspirinas para el dolor de cabeza y estos comprimidos para la fiebre.

Now fill in this chit in English with the young girl's symptoms and the medicines recommended by the chemist.

síntomas	medicamento recetado
....	....
....	....
....	....

Exercise 5 Are you sure about how to pay in a Spanish shop? Match up these phrases with their English equivalent.

Extra vocabulary **caja** cashdesk

a. **¿Cuánto es?**   i.   Can I pay by (credit) card?
b. **¿Dónde puedo pagar?**   ii.   How do you want to pay?
c. **¿Usted quiere pagar ahora?**   iii. Go to the cash desk.
d. **¿Con Master o con Visa?**   iv.   How much is it?
e. **Pase usted a caja.**   v.   Do you want to pay now?
f. **¿Puedo pagar con tarjeta?**   vi.   With MasterCard or Visa?
g. **¿Cómo quiere pagar?**   vii. Where do I pay?

Exercise 6   In this letter, Silvia tells Teresa what she bought in the sales.

Extra vocabulary   **la ropa** clothes   **yo compré** I bought
                     el encaje lace   **en cambio** on the other hand
                     la lana wool

> ... mi hermana y yo compramos mucha ropa rebajada. Yo compré un pantalón blanco para el verano, una camisa de algodón, muy fina, también blanca y un jersey azul marino, más grueso, todo muy elegante y muy clásico. En cambio, mi hermana se compró unas botas verdes, un minivestido negro de lana y lycra y unas medias de encaje. ¡Parece una verdadera punkie!

Now, are these statements **verdad** or **mentira**?

		verdad	mentira
a.	The clothes the girls bought were expensive.	☐	☐
b.	Silvia bought a classic outfit.	☐	☐
c.	Her sister's clothes were more outrageous.	☐	☐
d.	Silvia's jersey was lightweight.	☐	☐
e.	Her sister bought some green shoes.	☐	☐
f.	Silvia bought some summer trousers.	☐	☐
g.	Her sister's skirt is black wool.	☐	☐

Exercise 7 Finally, three people are modelling evening wear. Fill in the details of their outfits in English in the boxes below.

Extra vocabulary   **largo** long   **el escote** neckline
                    el ante suede   **el esmoquin** dinner jacket

María viste vestido largo de seda negra con un original escote de estrellas blancas de Jaeger.

Tania, en el centro, posa una túnica larga y pantalones amplios en seda roja de Javier Mariátegui. Los zapatos de ante rojo son de Lotus.

El caballero viste esmoquin en tonos verdes y grises y camisa de algodón blanco y corbata de Adolfo Domínguez. Zapatos también de Lotus.

María
....
....
....

Tania
....
....
....

El caballero
....
....
....

ANSWERS

Exercise 1
Woman: **a.** sandals = las sandalias   **b.** skirt = la falda   **c.** blouse =
la blusa   **d.** hat = el sombrero   **e.** belt = el cinturón
Man: **a.** trousers = el pantalón   **b.** jacket = la chaqueta   **c.** shoes =
los zapatos   **d.** shirt = la camisa   **e.** tie = la corbata

Exercise 2
a. iii   **b.** i   **c.** ii   **d.** iv   **e.** v

Exercise 3
Buenas tardes, señora, ¿qué deseaba? / Buenas tardes. ¿Venden
ustedes mantillas? / Por supuesto. ¿Es para usted? / No, es para mi
madre. / Para su madre. ¿Y qué precio quería pagar? / Sobre los
cien euros. / ¿Y de qué color la quiere? / ¿Qué colores hay? /
Las tenemos en negro, blanco, azul, gris... / Prefiero negro. / Negro.
Muy bien. ¿Qué le parece ésta? / ¿Las hay más grandes? / ¿Más
grandes? Sí, éstas, por ejemplo. / ¿Cuánto cuesta ésta? / Un
momento... ésta es ciento veintitrés euros. / Muy bien. Me
quedo con ésta.

Exercise 4
symptoms: headache (aspirins), stomach ache (syrup), temperature
(tablets)

Exercise 5
a. iv   **b.** vii   **c.** v   **d.** vi   **e.** iii   **f.** i   **g.** ii

Exercise 6
a. mentira   **b.** verdad   **c.** verdad   **d.** mentira   **e.** mentira   **f.** verdad
g. mentira (she bought a minidress, not a skirt)

Exercise 7
María: long black silk dress with a neckline with white stars.
Tania: long tunic and wide trousers in red silk. Red suede shoes by
Lotus.
Gentleman: white cotton shirt, dinner jacket in green and grey tones
and tie by Adolfo Domínguez. Shoes by Lotus.

9 AROUND AND ABOUT

Exercise 1 You give a fifty euro note to the taxi driver. How much change would you receive if the fare were the following different amounts? Write out the answers in word form in Spanish.

a.   **veinticinco euros** ....

b.   **veinte euros** ....

c.   **once euros, noventa céntimos** ....

d.   **nueve euros, cincuenta céntimos** ....

e.   **quince euros, cuarenta céntimos** ....

f.   **treinta euros, sesenta céntimos** ....

g.   **diez euros, ochenta céntimos** ....

Exercise 2 Match each person to the appropriate conversation.

Extra vocabulary   **negocios** business   **lograr** to manage

a.
A   Taxi, ¿queda libre?
B   Sí, señorita, ¿para dónde?
A   A la universidad.
B   Bien.

b.
A   Taxi, ¿está libre?
B   Sí, señor, ¿para dónde va usted?
A   Al Banco Hispano.
B   ¿Dónde queda?
A   En la Avenida Ramón Menéndez Pidal, número 27.
B   Ah, sí, ya sé donde está.

c.
A   Taxi, ¿queda libre?
B   No, señora, lo siento.

d.
A   Taxi, taxi ¿está libre?
B   Sí, señor, ¿adónde va usted?
A   Al aeropuerto.
B   Bien.

e.

A   Taxi, ¿queda libre?

B   Sí, señora, ¿a dónde quiere ir?

A   Al Corte Inglés en la Puerta del Sol.

B   Muy bien.

   i.   **un hombre que sale de viaje de negocios**

   ii.   **una señora que va de compras en Madrid**

   iii.   **una estudiante**

   iv.   **un hombre de negocios que va a hablar al gerente del banco**

   v.   **una señora que no logra llamar un taxi**

Exercise 3   The word **querer** (to want or to wish) is important in restaurant situations. Complete each sentence with the correct form.

   a.   **Yo** .... **agua mineral.**

   b.   **Nosotros** .... **cerveza.**

   c.   **Y tú, Luisa, ¿qué** .... **?**

   d.   **Ellos** .... **café con leche.**

   e.   **Vosotros, ¿qué** .... **?**

   f.   **Juan** .... **un vaso de vino tinto.**

   g.   **Y Margarita** .... **un vaso de vino blanco.**

   h.   **Usted, señor, ¿qué** .... **?**

Exercise 4   Look at each sketch and decide which phrase best describes it.

i. ....   ii. ....

iii. ....   iv. ....

v. ....   vi. ....   vii. ....

a.   ¿Quiere que le mire el nivel del aceite?
b.   ¡Está muy sucio!
c.   25 litros de diesel.
d.   Cincuenta euros de súper.
e.   ¿Quiere que le limpie el parabrisas?
f.   ¿Quiere que compruebe la presión de las ruedas?
g.   ¿Súper, diesel o sin plomo?

Exercise 5   Can you make whole phrases or sentences from the words in
both columns? Example: **rueda** (a) goes with **de repuesto** (ix)
to make **rueda de repuesto** (spare tyre).

a.   rueda   i.   Prado por favor
b.   a la   ii.   más adelante
c.   al   iii. justos

d.	¿está	iv.	le debo?
e.	a unos	v.	de hora
f.	cincuenta euros	vi.	de detrás
g.	¿cuánto	vii.	catedral
h.	las dos	viii.	mismo
i.	un cuarto	ix.	de repuesto
j.	dentro de	x.	muy lejos?
k.	ahora	xi.	de súper
l.	un poco	xii.	cien kilómetros

....

....

Exercise 6 Write in the customer's replies in this dialogue at the train station.

Empleado ¡Hola, buenos días! ¿Qué desea?
Cliente A ticket to Zaragoza please.

....

Empleado ¿Turista o preferente?
Cliente Tourist class.

....

Empleado ¿Ida y vuelta, o ida solamente?
Cliente Return.

....

Empleado ¿Para hoy?
Cliente No, for tomorrow.

....

Empleado ¿El veintiséis de febrero?
Cliente Yes, that's right.

....

Empleado Cincuenta euros justos.
Cliente Fine, thank you.

....

Empleado Gracias.

Exercise 7 All these words are connected with travelling. Fill them in to discover the name of something else you might need for a journey.

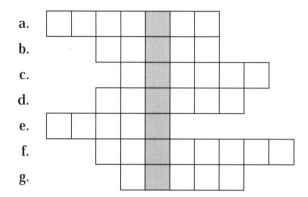

a.
b.
c.
d.
e.
f.
g.

a. you can get around town in this
b. and around the sky in this!
c. the infinitive form of **llegado**
d. use this to pack your clothes in
e. a taxi with no one in it
f. where you can catch a train
g. the opposite of **cerca**

ANSWERS

Exercise 1
a. veinticinco euros   **b.** treinta euros   **c.** treinta y ocho euros, diez céntimos   **d.** cuarenta euros, cincuenta céntimos   **e.** treinta y cuatro euros, sesenta céntimos   **f.** diecinueve euros, cuarenta céntimos   **g.** treinta y nueve euros, veinte céntimos

Exercise 2
a. iii   **b.** iv   **c.** v   **d.** i   **e.** ii

Exercise 3
a. yo quiero   **b.** nosotros queremos   **c.** ¿qué quieres?   **d.** ellos quieren   **e.** ¿qué queréis?   **f.** Juan quiere   **g.** Margarita quiere **h.** ¿qué quiere?

Exercise 4
a. vi   **b.** ii   **c.** v   **d.** vii   **e.** i   **f.** iv   **g.** iii

Exercise 5
a. ix   **b.** vii   **c.** i   **d.** x   **e.** xii   **f.** iii   **g.** iv   **h.** vi   **i.** xi   **j.** v   **k.** viii **l.** ii

Exercise 6
¡Hola, buenos días! ¿Qué desea? / Un billete para Zaragoza por favor. / ¿Turista o preferente? / Turista. / ¿Ida y vuelta, o ida solamente? / Ida y vuelta. / ¿Para hoy? / No, para mañana. / ¿El veintiséis de febrero? / Sí, eso es. / Cincuenta euros justos. / Bien, gracias. / Gracias.

Exercise 7
a. autobús   **b.** avión   **c.** llegar   **d.** maleta   **e.** libre   **f.** estación **g.** lejos. The hidden word is **billete**.

Exercise 1 Have a look at the advertisements for these two restaurants and answer the **verdad**/**mentira** questions.

Els Molis

¶¶ *Paseo del Mar, Reig. Teléfono: 31 41 00. Abierto todos los días, desde 7 de abril a 12 de octubre. Tarjetas: Diners, Visa, Amex. Precio: entre 16,50€ y 22,00€.*

Restaurante familiar que forma parte del hotel del mismo nombre. Cocina catalana, elaborada con buenos productos. Comedor situado frente a la playa. Servicio amable y eficaz.

L'Infern

¶¶ *Carretera de Molins. Teléfono 52 80 11. Precio, 27,50 €. Tarjetas: todas. Cerrado: los miércoles.*

Restaurante familiar, situado en pleno centro urbano de la localidad. En verano vale la pena comer en el jardín. Cocina tradicional catalana, basada en los pescados de la zona. Postres y helados de elaboración casera. Servicio atento.

---

		verdad	mentira
a.	**Els Molis** is open every day throughout the year.	☐	☐
b.	It's nice to eat outside at **L'Infern**.	☐	☐
c.	**Els Molis** is also a hotel.	☐	☐
d.	You can see the beach from the restaurant at **Els Molis**.	☐	☐
e.	**L'Infern** is in a quiet country location.	☐	☐
f.	**L'Infern** is the more expensive of the two restaurants.	☐	☐
g.	Both restaurants specialise in Catalan food.	☐	☐
h.	**L'Infern** is closed on Tuesdays.	☐	☐
i.	**L'Infern** serves home-made ices and desserts.	☐	☐

Exercise 2 Read through the menu and decide what you and your partner would like to eat. Then answer the waiter's questions with the dishes which you have both chosen. (Look at page 61, to see an example.)

ENTRADAS Y ENSALADAS

entremeses variados
caviar ruso 'Malasol'
ensalada mixta
espárragos, dos salsas

SOPAS Y CONSOMÉ

crema de salmón (en temporada)
consomé al jerez

PESCADOS Y MARISCOS

merluza frita, dos salsas
calamares fritos
bacalao al pil pil
merluza a la gallega

POSTRES

arroz con leche
bombón helado al licor de whisky
café irlandés
café escocés
flan al caramelo
queso manchego
queso cabrales

Camarero	¡Buenos días, señores! ¿Qué desean?
Cliente 1	The menu please ....
Camarero	Por supuesto. Tenga.
Cliente 1	Let's see... ( ) for me. ....
Camarero	Muy bien. ¿Y para la señora?
Cliente 2	( ) for me. ....
Camarero	¿Y de segundo plato?
Cliente 1	For me ( ). ....
Cliente 2	And ( ) for me. ....
Camarero	¿Y de postre qué desean?
Cliente 1	Is there any ice cream? ....
Camarero	Sí, hay de fresa, vainilla y chocolate.
Cliente 1	A vanilla ice cream. ....
Cliente 2	And a ( ) for me. ....
Camarero	¿Y para beber?
Cliente 1	A bottle of red house wine. ....
Cliente 2	And a litre of sparkling water. ....

Exercise 3 Divide up the following foods into the four columns below:

HIDRATOS (carbohydrates)	GRASAS (fats)	CARNE (meat)	PESCADO (fish)
....	....	....	....
....	....	....	....
....	....	....	....
....	....	....	....
....	....		

pan blanco	azúcar	aceite de maíz	pasta
pollo	pan integral	salmón	trucha
sardinas	patatas	cochinillo	cordero
margarina	merluza	ternera	mantequilla

Exercise 4 Look at this bill and note down, in words, what Sandra spent on the following items. Remember to multiply by two those figures which have a number 2 in front of them.

i.	ENTRADAS	2 4,50€	....
ii.	VERDURAS	2 9,26€	....
iii.	PESCADO	12,56€	....
iv.	MARISCO	23,80€	....
v.	VARIOS	2,25€	....
vi.	BODEGA	13,22€	....
vii.	POSTRES	3,61€	....
viii.	LICORES	2 2,05€	....
ix.	CAFÉ	1,65€	....

Exercise 5 Read this recipe and then answer the questions which follow.

Extra vocabulary

la harina flour
la cucharada spoonful
una pizca a pinch
la sal salt
el fuego fire, heat
enfriar to cool

añadir to add
la bolita little ball
rellenar fill
la nata cream
espolvorear sprinkle

Petit choux con salsa de chocolate

Ingredientes para 8 personas:
tres huevos • 150 gramos de harina • 1/4 litro
de agua • 2 cucharadas de mantequilla • una
pizca de sal • una cucharada de azúcar • 1/4 de
nata montada • 100 gramos de chocolate
fondant • 8 cucharadas de nata líquida • 2
cucharadas de whisky • 2 cucharadas más de
azúcar.

Poner al fuego el agua con la sal, el azúcar y la mantequilla. Luego echar
la harina y mover con espátula. Dejar enfriar. Añadir los huevos. Formar
unas bolitas. Cocerlos durante 30 minutos. Enfriar. Rellenar con nata.
Espolvorear con azúcar y acompañar con el chocolate fondant.

Precio: 27,50 euros   Calorías por ración: 1.423

a. How many eggs do you need to make this recipe?

....

b. And how much sugar?

....

c. What four ingredients do you melt?

....

d. When do you add the flour?

....

e. How many times do you need to leave the mixture to cool?

....

f. How do you decorate this pudding?

....

g. Why do you think it's fattening?

....

Exercise 6   Have a look at the menu in this cheaper restaurant.
Unfortunately, the English translations are not very accurate.
Match up each Spanish dish with its English equivalent.

RESTAURANTE PIZZERÍA ROMA

Especialidad: Paella para 2 personas 17,80€

Pasaje San Juan, Marbella

Menú especial de la casa: 6€

a.	Pizza 4 estaciones	i.	Chicken and chips
b.	Pizza de jamón	ii.	Pork chop
c.	Sopa de pescado	iii.	Ham pizza
d.	Calamares a la romana	iv.	Escalope Milanese
e.	Gambas a la plancha	v.	4 seasons pizza
f.	Filete de ternera	vi.	Grilled prawns
g.	Chuleta de cerdo	vii.	Fish soup
h.	Pollo con patatas	viii.	Fried squid
i.	Escalope empanado	ix.	Fillet of veal

Exercise 7   **Ir** (to go) is one of the most common and therefore most
important verbs. Match up the verb form and the pronoun
which accompanies it.

yo	vamos	....
ellos	van	....
él	vais	....
nosotros	voy	....
tú	van	....
ella	vas	....
ellas	va	....
vosotros	va	....

Exercise 8 Complete each phrase with the correct form of the ordinal numbers (that is: first, second, third and so on).

a. **¿de** (1st ....) **plato?**

b. **¿y de** (2nd ....) **?**

c. **el** (3rd ....) **hombre**

d. **el** (4th ....) **piso**

e. **la** (5th ....) **planta**

f. **el** (6th ....) **hijo**

ANSWERS

Exercise **1**
a. mentira **b.** verdad **c.** verdad **d.** verdad **e.** mentira **f.** verdad
g. verdad **h.** mentira **i.** verdad

Exercise **2**
el menú por favor / a ver... consomé al jerez para mí / entremeses variados para mí / para mí, merluza frita, dos salsas / y bacalao al pil pil para mí / ¿hay helado? / un helado de vainilla / y un café irlandés para mí / una botella de vino tinto de la casa / y un litro de agua con gas

Exercise **3**
hidratos: pan blanco, pan integral, pasta, patatas, azúcar
grasas: aceite de maíz, mantequilla, margarina
carne: ternera, cochinillo, cordero, pollo
pescado: merluza, salmón, sardinas, trucha

Exercise **4**
i. nueve euros **ii.** dieciocho euros, cincuenta y dos céntimos
iii. doce euros, cincuenta y seis céntimos **iv.** veintitrés euros, ochenta céntimos **v.** dos euros, veinticinco céntimos **vi.** trece euros, veintidós céntimos **vii.** tres euros, sesenta y un céntimos
viii. cuatro euros, diez céntimos **ix.** un euro, sesenta y cinco céntimos

Exercise **5**
a. three **b.** in total, three spoonsful **c.** water, butter, sugar and salt
d. after the mixture has melted **e.** twice **f.** with chocolate and sugar
g. it contains sugar, butter, cream and chocolate

Exercise **6**
a. v **b.** iii **c.** vii **d.** viii **e.** vi **f.** ix **g.** ii **h.** i **i.** iv

Exercise **7**
yo voy, tú vas, él/ella va, nosotros vamos, vosotros vais, ellos/ellas van

Exercise **8**
a. ¿de primer plato? **b.** ¿y de segundo? **c.** el tercer hombre
d. el cuarto piso **e.** la quinta planta **f.** el sexto hijo

11   LIKES – AND DISLIKES

Exercise 1   *What do you like?*

Match up the words in both columns.

a.	¿Le gustan	i.	la costa gallega o la Costa Blanca?
b.	Me gusta	ii.	mucha gracia.
c.	¿Te gusta	iii.	el café colombiano.
d.	No me gusta	iv.	los vinos franceses?
e.	No me hace	v.	el Mediterráneo?
f.	¿Qué te gusta más	vi.	ni la cerveza.
g.	No le gusta ni el vino	vii.	nada la Costa del Sol.

....

Exercise 2   Read the conversation between Marta and Ana about what they like and dislike about Spain, and fill in the missing words.

Marta   ¿Y a .... no te gusta España?

Ana   Claro que me .... Pero no .... gusta Madrid.

Marta   ¿Y .... ?

Ana   Porque hay .... gente. También hay ....

tráfico.

Marta   ¿No te gusta la .... ?

Ana   Por supuesto que no. La .... Lo que ....

me gusta es el aire puro del ....

Marta   Y lo que......................... te .... son los coches.

Ana   Así es.

demasiada	me	ti	gusta	más	odio
gusta	contaminación	mucho	menos		
campo	por qué				

Exercise 3 Try using your imagination and fill in the grid with your likes, dislikes and preferences. (You may need to look some of them up in a dictionary.) The first one has been done for you to give you an idea. Look up the answers to this question if you want to see some alternatives.

a.	**Lo que me gusta más de España**	*la gente*
b.	**Lo que me gusta menos de España**	....
c.	**Lo que me gusta más de Inglaterra**	....
d.	**Lo que me gusta menos de Inglaterra**	....
e.	**Lo que prefiero hacer en el verano**	....
f.	**Lo que me gusta hacer en la casa**	....
g.	**Lo que detesto hacer en la casa**	....
h.	**Lo que más me gusta comer**	....
i.	**Lo que menos me gusta comer**	....

Exercise 4 Have a look at these sketches and then label them with the appropriate phrase. They're all in the third person form.

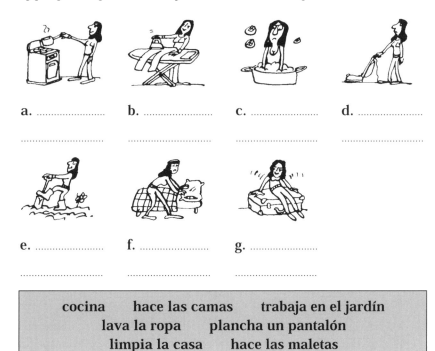

a. ....

b. ....

c. ....

d. ....

e. ....

f. ....

g. ....

cocina   hace las camas   trabaja en el jardín
lava la ropa   plancha un pantalón
limpia la casa   hace las maletas

Exercise 5   Tick the odd word out from each set of four words:

a.	cocinar	trabajo	lavar	planchar
b.	valle	parque	verde	paisaje
c.	creo	pienso	prefiero	le gusta
d.	preparado	típico	doméstico	detesto
e.	lengua	idioma	acento	francés

Exercise 6   From the information given to you about Marta, Nicolás and Teresa, decide who is being talked about in the descriptions marked **i**, **ii** and **iii** and write their names in the appropriate place.

Extra vocabulary   **deportista** sporty   **bronceado/a** tanned

a.   Marta es una persona muy extrovertida. Tiene siete hermanos y sus padres aún viven. No le gusta estar sola, sobre todo cuando tiene tiempo libre.

b.   Nicolás es muy sereno y muy discreto. No tiene hijos y puede ir de vacaciones cuando quiera.

c.   Teresa es muy deportista. Nada muy bien pero no en las piscinas sino en el mar porque también le gusta volver a casa muy bronceada.

i.   A _____ le gusta nadar y tomar el sol y bañarse en el Mar Cantábrico. Va de vacaciones en el verano con su familia y está allí tres o cuatro semanas, por lo general.

ii.   A _____ le encanta estar en la playa con muchas personas. Le encanta hablar con la gente. Va siempre a la Costa del Sol con su familia. Son muy numerosos.

iii.   A _____ no le gusta el Mediterráneo ni la Costa Blanca. Prefiere Portugal o Galicia donde hay menos gente. Va de vacaciones en la primavera, durante la semana santa (Easter).

Exercise 7   In this email to Teresa, Silvia tells her about her likes and dislikes.

Extra vocabulary
aunque although
incluso even

---

31 de mayo

Querida Teresa:

¿Cómo estás? Espero que bien. Yo estoy estupendamente.
Este fin de semana vamos de vacaciones a la costa gallega.
Me gusta muchísimo ir allí aunque el clima no es muy bueno.
¡Hace frío incluso en verano! Pero me gustan muchísimo las
playas. Son preciosas y hay muy poca gente. ¿A ti también
te gusta nadar y tomar el sol? A mí me encanta, porque me
gusta estar muy bronceada en verano. También me gusta
mucho viajar, así que en la primavera, normalmente en el
mes de abril, vamos a otra región de España, como Castilla
o Cataluña. ¿Tú también viajas mucho por tu país? Este
año vamos al sur, a Andalucía. ¡Hay un problema! No me
gusta el acento de los andaluces. ¡Es muy difícil de entender!

Un abrazo muy fuerte

Silvia

Tick the correct end to each statement.

a.   Silvia is going on holiday   this weekend.
                                                          next weekend.

b.   She is going to the   Welsh coast.
                                                          Galician coast.

c.   It's cold there   in summer.
                                                          in spring.

d.   There are   very few people on the beaches.
                                                     quite a lot of people.

e.   Silvia asks Teresa if   she likes swimming.
                                                      she likes sailing.

f.   What Silvia does not like about Andalucía is   the people.
                                                       their way of talking.

ANSWERS

Exercise 1
a. iv **b.** iii **c.** v **d.** vii **e.** ii **f.** i **g.** vi

Exercise 2
¿Y a ti no te gusta España? / Claro que me gusta. Pero no me gusta Madrid. / ¿Y por qué? / Porque hay demasiada gente. También hay mucho tráfico. / ¿No te gusta la contaminación? / Por supuesto que no. La odio. Lo que más me gusta es el aire puro del campo. / Y lo que menos te gusta son los coches. / Así es.

Exercise 3
b. ¡la lengua! **c.** el paisaje **d.** el clima **e.** tomar el sol **f.** planchar camisas **g.** lavar la ropa **h.** soufflé de chocolate **i.** ostras (oysters)

Exercise 4
a. cocina **b.** plancha un pantalón **c.** lava la ropa **d.** limpia la casa **e.** trabaja en el jardín **f.** hace las camas **g.** hace las maletas

Exercise 5
a. trabajo: all the others are infinitives **b.** verde: all the others are nouns describing geographical features **c.** le gusta: all the others are 'first person' verbs (those forms accompanying 'yo') **d.** detesto: this is the first person of 'detestar' and the others are all adjectives or describing words **e.** francés: this is the only name of a specific language

Exercise 6
i. Teresa **ii.** Marta **iii.** Nicolás

Exercise 7
a. this weekend **b.** Galician coast **c.** in summer **d.** very few people **e.** she likes swimming **f.** their way of talking

Exercise 1   Match up the Spanish weather description with its English equivalent.

a.	**Hace viento.**	i.	There's snow.
b.	**Está despejado.**	ii.	The weather is good.
c.	**Hace sol.**	iii.	It rains a lot.
d.	**Hace mucho frío.**	iv.	There's fog.
e.	**Hay nieve.**	v.	It's windy.
f.	**Hace calor.**	vi.	The climate is pleasant.
g.	**Hay niebla.**	vii.	It's hot.
h.	**Hace buen tiempo.**	viii.	There are clear skies.
i.	**El clima es agradable.**	ix.	It's sunny.
j.	**Llueve mucho.**	x.	It's very cold.

Exercise 2   Here are some phrases which contain the word **hacer**, 'to do' or 'to make'. Match them up with the English in the opposite column.

a.	**Hago la compra todos los días.**	i.	What are you doing here?
b.	**Están todos hechos a mano.**	ii.	They don't do anything in the house.
c.	**¿Qué haces aquí?**	iii.	She's making a dress for her daughter.
d.	**Hacemos un pastel de chocolate.**	iv.	Why don't you do your homework?
e.	**No hacen nada en casa**	v.	We're making a chocolate cake.
f.	**¿Por qué no haces tus deberes?**	vi.	They're all made by hand.
g.	**Hace un vestido para la niña.**	vii.	Are you doing your military service next year?
h.	**¿Hacéis la mili el año próximo?**	viii.	I do the shopping daily.

Exercise 3 Here is some information about weather conditions in various cities throughout the world.

ESPAÑA		MAX.	MIN
Alicante	D	16	7
Ávila	P	13	-1
Burgos	N	3	-3
Madrid	F	7	2
Zaragoza	Q	12	2
EXTRANJERO			
Berlín	A	8	5
Buenos Aires	Q	29	21
Londres	P	6	-2
Miami	Q	25	21
Nueva York	D	6	0
Roma	P	18	14

D = despejado
P = lluvia
N = nieve
F = mucho frío
Q = cubierto
A = agradable

Now looking back at the phrases you used in Exercise 1, see if you can answer these questions in Spanish:

a   ¿Qué tiempo hace en Zaragoza? ....

Londres? ....

Nueva York? ....

b.   ¿Cuál es la temperatura máxima que tienen en...

Miami? ....

Roma? ....

Londres? ....
(En Alicante es de dieciséis grados.)

c.   ¿En qué ciudades llueve? ....

d.   ¿En qué ciudad hace buen tiempo? ....

Exercise 4 Using the words in the box, fill in the blanks in this conversation about the Spanish climate.

María ¿Y cómo es el .... en este país?

Juan No se puede generalizar – hay muchas ....

diferentes y todas tienen su clima particular.

María Bueno, en Madrid, por ....

Juan Madrid tiene un clima .... Hace mucho frío en

.... y mucho calor en .... – hasta

cuarenta ....

María ¡Qué barbaridad! ¿Y en el .... ?

Juan El clima en el norte es mucho más suave. Pero ....

mucho, eso sí.

María ¿Y en el .... , en Andalucía?

Juan Bueno, también hace mucho .... en julio y

agosto pero en el invierno el clima es .... La

región que tiene el mejor clima es Canarias: allí es siempre

....

regiones	llueve	templado	calor	ejemplo
continental	primavera	grados	invierno	
norte	sur	verano	clima	

Exercise 5 Look at the map of Spain and then mark in the letters for the weather which each region will have, according to the report.

Extra vocabulary **nuboso** cloudy

D = clear skies   **H** = frosty conditions
N = snow   **C** = cloudy
P = rain   **F** = fog
Q = overcast
A = pleasant

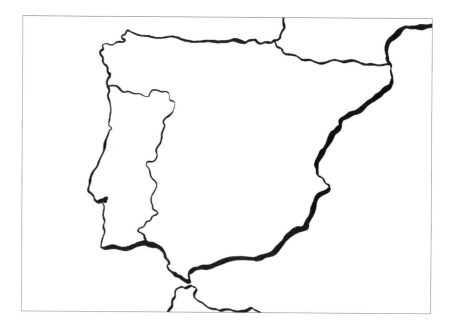

ANDALUCÍA: **Cielo despejado en la zona de Gibraltar, con heladas en Sierra Nevada y Sierra Morena por encima de los 2.000 metros.**

GALICIA: **Cielo cubierto con lluvia en el oeste y nieve por encima de los 2.000 metros.**

MADRID: **Cielo cubierto en la sierra y muy nuboso en el resto, con lluvia en la sierra.**

VALENCIA: **Niebla durante la mañana por la costa.**

CATALUÑA: **Cubierto en el Pirineo con lluvia. Muy nuboso en el resto.**

Exercise 6   Now read what Teresa has to say about the weather in Northern Peru.

Extra vocabulary   **la inundación**   flood

Trujillo, 5 de junio

Querida Silvia:

Gracias por tu email. Tenemos un tiempo muy malo en esta temporada. Para nosotros, es el invierno (hoy es el cinco de junio) y normalmente llueve un poco y hace un poco fresco.

Pero este año llueve mucho todos los días por la tarde, hace viento y ha habido inundaciones. También hace mucho frío – la temperatura es de diez grados durante el día y bajo cero durante la noche. Bueno, espero que el clima en Zaragoza sea un poco mejor...

Besos de Teresa

Are these statements **verdad** or **mentira**?

		verdad	mentira
a.	It is summer in Peru when Teresa writes her letter to Silvia.	☐	☐
b.	The weather in June is usually cool and a bit rainy.	☐	☐
c.	This year there have been floods.	☐	☐
d.	This year it has rained a great deal in the mornings.	☐	☐
e.	The temperatures have been below freezing at night.	☐	☐

ANSWERS

Exercise 1
a. v **b.** viii **c.** ix **d.** x **e.** i **f.** vii **g.** iv **h.** ii **i.** vi **j.** iii

Exercise 2
a. viii **b.** vi **c.** i **d.** v **e.** ii **f.** iv **g.** iii **h.** vii

Exercise 3
a. En Zaragoza está cubierto: en Londres llueve y en Nueva York está despejado. **b.** La temperatura máxima en Miami es de veinticinco grados, en Roma es de dieciocho grados y en Londres es de seis grados. **c.** Llueve en Londres, Roma y Ávila. **d.** Hace buen tiempo en Berlín.

Exercise 4
¿Y cómo es el clima en este país? / No se puede generalizar – hay muchas regiones diferentes y todas tienen su clima particular. / Bueno, en Madrid, por ejemplo... / Madrid tiene un clima continental. Hace mucho frío en invierno y mucho calor en verano – hasta cuarenta grados. / ¡Qué barbaridad! ¿Y en el norte? / El clima en el norte es mucho más suave. Pero llueve mucho, eso sí. / ¿Y en el sur, en Andalucía? / Bueno, también hace mucho calor en julio y agosto pero en el invierno el clima es templado. La región que tiene el mejor clima es Canarias: allí es siempre primavera.

Exercise 5

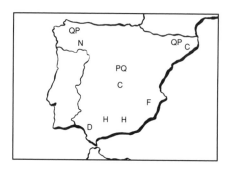

Exercise 6
a. mentira **b.** verdad **c.** verdad **d.** mentira **e.** verdad

Exercise 1 Look at these times on the digital clock and express them as words (using the twelve-hour clock). The first one has been done for you.

a. **13.45**   *las dos menos cuarto* ....

b. **15.30**   ....

c. **9.15**   ....

d. **1.20**   ....

e. **19.25**   ....

f. **22.35**   ....

g. **23.00**   ....

h. **22.30**   ....

i. **6.35**   ....

j. **12.05**   ....

Exercise 2   Can you sort out Marta's daily routine so that it takes place in the correct order?

  a. Vuelvo a casa a comer.
  b. Me ducho a las ocho y cuarto.
  c. Leo o estudio hasta las once o doce de la noche.
  d. Veo el telediario a las tres.
  e. Voy a la oficina de turismo a las cuatro de la tarde.
  f. Salgo a la universidad a las nueve.
  g. Me acuesto.
  h. Me levanto a los ocho de la mañana.
  i. Veo la telenovela a las tres y media.
  j. Vuelvo a casa a cenar.
  k. Trabajo allí hasta las siete y media.
  l. Estudio desde las nueve y media hasta la una y media.
  m. Desayuno a las ocho y media.

....

Exercise 3   Here's an activity to practise the verb **salir**. Fill in the correct form in each sentence.

  a. Teresa, ¿no .... hoy por la noche?

  b. Y vosotros, ¿a dónde .... ?

  c. Normalmente, no .... por la tarde. Me quedo en casa a descansar.

  d. No dejo a las niñas .... solas después de las ocho de la tarde. Es peligroso.

  e. Mis padres siempre .... los sábados por la tarde al cine o al teatro.

  f. Nosotros .... a un restaurante de por aquí siempre que alguien cumple años.

| salir | salen | salgo | salimos | salís | sales |

Exercise 4

The Fernández family all have different ideas about what they want to do. Look at these pictures and then write in the phrase which describes each one best.

a. ....

....

b. ....

....

c. ....

....

d. ....

....

e. ....

....

f. ....

....

i.	Yo quiero montar en bicicleta.
ii.	Yo quiero ir a la piscina con mis amigos.
iii.	Yo quiero ir al zoológico.
iv.	Yo quiero ir a bailar a la discoteca.
v.	Yo quiero ver el fútbol en la tele...
vi.	Yo quiero ir a visitar el pueblo.

Exercise 5 Assign an appropriate time to Javier's daily routine as set out in the left hand column.

a.	Se levanta	i.	a las diez de la noche.
b.	Se viste	ii.	a las seis y media.
c.	Se arregla	iii.	a las siete.
d.	Va a trabajar	iv.	a las dos y media.
e.	Come en un restaurante	v.	a la medianoche.
f.	Trabaja hasta	vi.	a las once y diez.
g.	Vuelve a casa	vii.	a las siete y cinco.
h.	Cena con su mujer	viii.	a las siete y diez.
i.	Ve su programa favorito	ix.	a las ocho de la mañana.
j.	Se acuesta	x.	a las seis de la tarde.

....

Exercise 6 In this email Teresa tells Silvia about life in Trujillo.

Querida Silvia:

Gracias por tu email y por decirme como es tu vida diaria. Yo también me levanto temprano: pero me levanto más temprano que tú, a las seis, porque tengo que salir a trabajar a las siete y media de la mañana. Voy con mis padres en coche a la tienda y allí empiezo a las ocho. Normalmente vuelvo a casa en autobús para comer con la familia pero a veces me quedo en el centro y como con unas compañeras de la tienda. Luego volvemos a la tienda hasta las seis y media y vamos andando a casa después de tomar un aperitivo en un bar de por allí. Ceno en casa y los martes siempre salgo con mi novio al cine del barrio. También salimos juntos los sábados a bailar o a tomar una copa.

Bueno, eso es todo por hoy. Escríbeme pronto.
Un abrazo fuerte de tu amiga.

Teresa

Now decide whether these statements are true or false.

		verdad	mentira
a.	Silvia has already told Teresa about her daily life.	☐	☐
b.	Teresa gets up later than Silvia.	☐	☐
c.	Teresa starts work at half past seven.	☐	☐
d.	Her parents take her to work.	☐	☐
e.	She either lunches at home or with some of her workmates.	☐	☐
f.	At the end of the day she goes home by bus.	☐	☐
g.	She goes to the cinema with her boyfriend on Wednesdays.	☐	☐
h.	They go dancing or drinking on Saturdays.	☐	☐

Exercise 7 Find the names of the five meals (lunch, main meal, dinner, breakfast, tea-time snack) in this **sopa de letras** or word soup.

A	B	N	M	B	O	P	Q
M	E	R	I	E	N	D	A
A	D	I	M	O	C	A	S
R	E	C	V	E	E	L	M
R	S	B	N	N	N	M	U
B	A	X	G	D	A	U	C
O	Z	R	E	U	M	L	A
O	N	U	Y	A	S	E	D

ANSWERS

Exercise 1

a. las dos menos cuarto   **b.** las tres y media   **c.** las nueve y cuarto
d. la una y veinte   **e.** las siete y veinticinco   **f.** las once menos
veinticinco   **g.** las once   **h.** las diez y media   **i.** las siete menos
veinticinco   **j.** las doce y cinco

Exercise 2

h, b, m, f, l, a, d, i, e, k, j, c, g.

Exercise 3

a. Teresa, ¿no sales hoy por la noche?   **b.** Y vosotros, ¿a dónde salís?
c. Normalmente no salgo por la tarde. Me quedo en casa a descansar.
d. No dejo a las niñas salir solas después de las ocho de la tarde. Es
peligroso.   **e.** Mis padres siempre salen los sábados por la tarde al
cine o al teatro.   **f.** Nosotros salimos a un restaurante de por aquí
siempre que alguien cumple años.

Exercise 4

a. vi **b.** iv **c.** iii **d.** ii **e.** v **f.** i

Exercise 5

a. iii **b.** vii **c.** viii **d.** ix **e.** iv **f.** x **g.** ii **h.** i **i.** vi **j.** v

Exercise 6

a. verdad **b.** mentira **c.** mentira **d.** verdad **e.** verdad **f.** mentira
g. mentira **h.** verdad

Exercise 7

The five words are almuerzo; comida; cena; desayuno; merienda.

FUTURE PLANS

Exercise 1 First link up the verb in the middle column with its English equivalent. Then decide which of the verbs is the infinitive for each sentence on the left.

	A		B		C
a.	Mañana, ¿qué hará usted?	i.	salir	t.	to put
b.	Iremos al cine y luego a un restaurante.	ii.	hacer	u.	to go
c.	Saldremos al teatro por la tarde.	iii.	ir	v.	to have
d.	¿Tendrás bastante dinero para comprarlo?	iv.	poner	w.	to go out
e.	Me pondré de acuerdo con él para ir a cenar.	v.	saber	x.	to do
f.	¿Sabrás hacerlo?	vi.	gustar	y.	to know
g.	Nos gustará mucho.	vii.	tener	z.	to like

....

....

Exercise 2 Try pairing up the words in both columns. Sometimes they are opposites, sometimes they have similar meanings.

a.	la autopista	i.	bajo
b.	una obra de teatro	ii.	una ducha
c.	el colegio	iii.	tíos
d.	almorzar	iv.	la carretera
e.	un baño	v.	una película
f.	moreno	vi.	la escuela
g.	alto	vii.	comer
h.	primos	viii.	coger
i.	tomar	ix.	rubio

....

Exercise 3   This conversation about what Ana and Manuel want to do tomorrow has got rather confused. Can you unravel it? Number the sentences in the right order.

Extra vocabulary   **entregar**   to hand in

Ana	El lunes no puedo. Voy a estar en Madrid...
Ana	Bueno, mañana tengo que ir al ayuntamiento...
Ana	Sí, hombre, ¿no te acuerdas? Tengo que ir a la oficina de turismo para los billetes...
Ana	Por supuesto. ¿Te apetece ir a cenar a ese nuevo restaurante?
Manuel	¿En Madrid? ¡Nunca me cuentas nada!
Manuel	Ah, sí, ¿por qué?
Manuel	Ah, sí, claro. Pero por la noche podremos salir ¿no?
Ana	Porque tengo que entregar unos documentos.
Manuel	¿Por qué no? Invitaré también a los Rodríguez.
Manuel	¿No lo podrás hacer el lunes?

Exercise 4   Remember that, in Spanish, you must have the right ending for each verb, if you are to be easily understood. Tick the correct form for each of the sentences below. You have three options – but only one is right.

a.   **Creo que me guste.**
             gustará.
             gusto.

b.   **¿Qué vamos a hacemos?**
             hacer?
             haremos?

c.   **¿Qué te apetecen?**
             apetece?
             apetecemos?

d.   **Mañana nos ponemos de acuerdo para almorzar.**
             pongamos
             pondremos

e.   **Yo tiene que ver a mi jefe mañana.**
        tenemos
        tengo

f.   **¿He que pagar en la autopista?**
      Hay
      Hemos

g.   **Su primo esté muy alto.**
             estoy
             está

Exercise 5   Look at these signs and then write in underneath the most appropriate phrase.

Extra vocabulary   **desviarse**   to turn off
el peaje   toll

a. ....

....

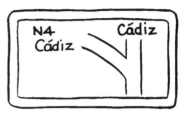

b. ....

....

c. ....

....

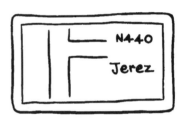

d. ....

....

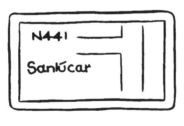

e. ....

....

    i.   ¿Para ir a Chipiona?
   ii.   Luego dejará esa carretera y cogerá la 441 hacia la izquierda.
  iii.   Hay que pagar peaje.
  iv.   Se desviará hacia la derecha.
   v.   Puede coger dos caminos.

Exercise 6   Can you link the words in the box below to these definitions?

a.   Un adjetivo que describe a una persona que mide 1.90.

....

b.   Utilizas esta carretera si quieres llegar pronto.

....

c.   Un período de tiempo muy corto.

....

d.   Allí trabaja el alcalde de un pueblo o de una ciudad.

....

e.   Una persona serena.

....

f.   Una cantidad de dinero que se paga en una autopista.

....

g.   El mar está al lado.

....

h.   Una sala de baile.

....

un momentito	el peaje	tranquila
la autopista	alto	la playa
el ayuntamiento	la discoteca	

Exercise 7 In this email from Silvia to Teresa, some of the words have been omitted. Can you replace them from the box below?

Querida Teresa:

Te escribo porque hoy estoy libre – es una fiesta
.... , la Inmaculada (el ocho de diciembre).
Normalmente a estas .... estoy en el autobús,
camino a la universidad, pero .... estoy todavía
en pijama. Además, es jueves, así que .... a
hacer el puente (¿utilizas esta expresión en el
.... ? Significa que tampoco vamos a trabajar
mañana: tendremos otro .... de fiesta, junto
con el fin de semana). Esto .... lo que yo tengo
programado para estas vacaciones cortas. Mañana
.... de compras con mi mamá. Compraremos
regalos de navidad para los .... y la familia. (No,
las tiendas no estarán cerradas – .... que habrá
mucha gente que quiere comprar.) El fin de ....
vamos a pasarlo con mi tía que vive en Pamplona. Hace mucho
.... que no la vemos y le llevaremos los regalos.
Por la noche, seguro que .... con mis primos a
una discoteca o a .... unas copas por allí. El
domingo .... a casa temprano porque el
.... estos días no es muy bueno. 'El hombre del
tiempo' .... que va a nevar el domingo por la
tarde. Bueno, ... que ducharme y desayunar...

Hasta .... , un abrazo de Silvia.

pronto	**horas**	**día**	**saldré**	**dice**	**hoy**	**iré**
semana	**saben**	**tengo**	**tomar**	**tiempo**		
vamos	**volveremos**	**es**	**tiempo**	**Perú**		
	amigos	**nacional**				

ANSWERS

Exercise 1
a. ii, x **b.** iii, u **c.** i, w **d.** vii, v **e.** iv, t **f.** v, y **g.** vi, z

Exercise 2
a. iv **b.** v **c.** vi **d.** vii **e.** ii **f.** ix **g.** i **h.** iii **i.** viii

Exercise 3

Ana	Bueno, mañana tengo que ir al ayuntamiento...
Manuel	Ah, sí, ¿por qué?
Ana	Porque tengo que entregar unos documentos.
Manuel	¿No lo podrás hacer el lunes?
Ana	El lunes no puedo. Voy a estar en Madrid...
Manuel	¿En Madrid? ¡Nunca me cuentas nada!
Ana	Sí, hombre, ¿no te acuerdas? Tengo que ir a la oficina de turismo para los billetes...
Manuel	Ah, sí, claro. Pero por la noche podremos salir ¿no?
Ana	Por supuesto. ¿Te apetece ir a cenar a ese nuevo restaurante?
Manuel	¿Por qué no? Invitaré también a los Rodríguez.

Exercise 4
a. me gustará **b.** hacer **c.** apetece **d.** pondremos **e.** tengo **f.** hay
g. está

Exercise 5
a. iii **b.** v **c.** i **d.** iv **e.** ii

Exercise 6
a. alto **b.** la autopista **c.** un momentito **d.** el ayuntamiento
e. tranquila **f.** el peaje **g.** la playa **h.** la discoteca

Exercise 7
Querida Teresa

Te escribo porque hoy estoy libre – es una fiesta nacional, la Inmaculada (el ocho de diciembre). Normalmente a estas horas estoy en el autobús, camino a la universidad, pero hoy estoy todavía en pijama. Además, es jueves, así que vamos a hacer el puente (¿utilizas esta expresión en el Perú? Significa que tampoco vamos a trabajar mañana: tendremos otro día de fiesta, junto con el fin de semana). Esto es lo que yo tengo programado para estas vacaciones cortas. Mañana iré de compras con mi mamá. Compraremos regalos de navidad para los amigos y la familia. (No, las tiendas no estarán cerradas – saben que habrá mucha gente que quiere comprar.) El fin de semana vamos a pasarlo con mi tía que vive en Pamplona. Hace mucho tiempo que no la vemos y le llevaremos los regalos. Por la noche, seguro que saldré con mis primos a una discoteca o a tomar unas copas por allí. El domingo volveremos a casa temprano porque el tiempo estos días no es muy bueno. 'El hombre del tiempo' dice que va a nevar el domingo por la tarde. Bueno, tengo que ducharme y desayunar...

Hasta pronto, un abrazo de Silvia.

Exercise 1 Match up the sentences in both columns.

a. **Ayer fui de compras.**
i. I had to go to the bank to take out 500 euros.

b. **Me compré un par de zapatos.**
ii. So, in the afternoon, I changed them.

c. **Pero a Juan no le gustaron.**
iii. Yesterday I went shopping.

d. **Así que, por la tarde, los descambié.**
iv. I also saw a very nice suit.

e. **También vi un traje muy bonito.**
v. I bought myself a pair of shoes.

f. **No tuve suficiente dinero para comprarlo.**
vi. But John didn't like them.

g. **Tuve que ir al banco para retirar quinientos euros.**
vii. I went back to the shop.

h. **Volví a la tienda.**
viii. They sold the suit to someone else!

i. **¡Vendieron el traje a otra persona!**
ix. I didn't have enough money to buy it.

Exercise 2 Here are some words for you to guess: they are all linked to the theme of transport. If you get them right, the name of something you need in your car will appear in the grey column!

a. algo serio

b. medio de transporte

c. tipo de gasolina

d. sin ...

e. un taxi puede estar ...

f. we went

g. parte de un coche que se utiliza para ir más despacio

h. otra parte del coche que se utiliza para guiar

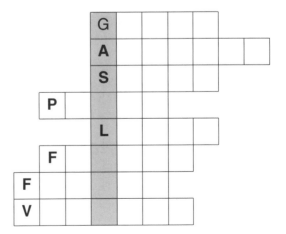

Exercise 3 This is what Juan did last Sunday. Can you put the events into the correct sequence?

Extra vocabulary **ponerse a** to begin to

    a. Luego fueron a comer a un restaurante de por allí.
    b. Salió un rato al bar a tomar una cerveza antes de acostarse.
    c. Cenó a las diez.
    d. Salió a encontrar unos amigos.
    e. Jugaron al fútbol y nadaron un poco.
    f. Se levantó tarde, a eso de las once y media.
    g. Por la tarde se echó la siesta en casa.
    h. Fueron todos a la playa.
    i. A eso de las siete, se puso a ver televisión.
    j. Se arregló y desayunó.

....

Exercise 4 Have a look at these sketches and write in the most appropriate phrase underneath.

a. ....

....

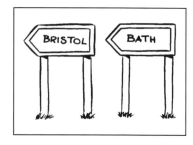

b. ....

....

c. ....

....

d. ....

....

e. ....

....

f. ....

....

i. **Me gustaron las dos ciudades de Bath y Bristol.**
ii. **Viajé en autobús.**
iii. **¡Qué difícil es el inglés!**
iv. **El garaje estuvo cerrado.**
v. **Estuve en Inglaterra hace dos años.**
vi. **Llega a su hora – a las cuatro y cuarto.**

Exercise 5   Choose the correct form of the past tense for each sentence.

a. **¿Que cómo** .... **a España? Pues al ir, en autobús, y al volver, en tren.**
   fui   *fuiste*   *fuisteis*

b. **Nosotros** .... **por Cuenca pero Charo viajó directamente a Madrid.**
   pasé   *pasamos*   *pasaron*

c. **Se** .... **muy temprano – a las cinco y media – para coger el tren.**
   levantan   *levantaste*   *levantó*

d. .... **en la discoteca con mis amigos hasta las dos o tres de la madrugada.**
   estar   *estuve*   *estuvieron*

e. **Mi madre** .... **el pastel de cumpleaños y mi tía preparó unos dulces.**
   hice   *hace*   *hizo*

f. .... **a bañarnos en la playa de Denia. Lo pasamos muy bien.**
   salir   *salieron*   *salimos*

Exercise 6   In this last email from Silvia to Teresa, she describes a visit that she made recently to the South of Spain.

¡Hola Teresa!

¿Qué tal estás? ¿Y tu familia? Espero que todos estéis bien. En el último email no te hablé de las vacaciones que pasamos hace un mes en Andalucía. (Andalucía está en el sur de España, es la España típica y tópica que conocen todos los extranjeros.) Fuimos mi hermana mayor y yo a visitar unos primos que viven en Sevilla. Viajamos en el AVE, o tren de alta velocidad, de Madrid a Sevilla, después de pasar unos días en casa de una tía. Estuvo muy bien, no hubo ningún problema y llegamos a la hora programada a Santa Justa, la estación de Sevilla donde nos esperaba nuestra familia sevillana. Nos hicieron visitar muchos monumentos y parques y el tiempo fue magnífico – mucho sol durante el día pero fresco de noche. Después de tres o cuatro días en Sevilla nos llevaron en coche a visitar los pueblos blancos de la costa, y también Granada y Jerez. Lo que más me gustó fue la mezquita en Córdoba que es una maravilla de arte árabe y cristiano, y también me gustaron las ciudades de Palos y Jerez. Nos quedamos en pequeños hoteles o pensiones, así que el viaje no salió demasiado caro. Después de ocho días, volvimos en autocar a Zaragoza. Te envié una postal de Jerez. Espero que la hayas recibido.

Bueno, estoy cansada de tanto escribir – hasta otro día.

Escríbeme pronto.

Un abrazo de

Silvia

a. How long ago did Silvia visit Andalucía?

....

b. Whom did Silvia go with?

....

c. How did she travel there?

....

d. Who was there to meet them?

....

e. What did they see in Seville?

....

f. What was the weather like?

....

g. Which cities did they visit apart from Seville?

....

h. What did Silvia like most?

....

i. Where did they stay?

....

j. How long did they stay?

....

k. How did they travel back home?

....

l. What did Silvia send Teresa?

....

Exercise 7 In the final exercise of this Activity Book, you'll be looking at language you'll see in the airport before you leave Spain. What do all these signs mean?

PUERTA 16	CABALLEROS

a. ....

b. ....

MOSTRADOR DE FACTURACIÓN	LLEGADAS

c. ....

d. ....

SALIDAS INTERNACIONALES	TIENDA LIBRE DE IMPUESTOS

e. ....

f. ....

RECOGIDA DE EQUIPAJES	ADUANA

g. ....

h. ....

PUNTO DE REUNIÓN	ASEOS

i. ....

j. ....

ANSWERS

Exercise 1
a. iii **b.** v **c.** vi **d.** ii **e.** iv **f.** ix **g.** i **h.** vii **i.** viii

Exercise 2
a. grave **b.** autobús **c.** súper **d.** plomo **e.** libre **f.** fuimos
g. frenos **h.** volante. The vertical word is **gasolina**.

Exercise 3
The correct order is: f, j, d, h, e, a, g, i, c, b.

Exercise 4
a. v **b.** i **c.** iii **d.** iv **e.** vi **f.** ii

Exercise 5
a. fui **b.** pasamos **c.** levantó **d.** estuve **e.** hizo **f.** salimos

Exercise 6
a. a month ago **b.** her elder sister **c.** on the AVE or high speed train
d. their family in Seville **e.** monuments and parks **f.** wonderful,
hot during the day and cool at night **g.** Jerez and Granada and the
'white towns' on the coast **h.** the mosque in Córdoba **i.** in small
hotels and guest houses **j.** a week **k.** by coach **l.** a postcard

Exercise 7
a. gate 16 **b.** Gents **c.** check-in desk **d.** arrivals **e.** international
departures **f.** duty-free shop **g.** baggage pick-up **h.** customs
i. meeting point **j.** cloakroom/powder room

Have you enjoyed this course? Want to learn more?

Breakthrough Languages

Ideal for self-study . Practise and develop your skills . Learn a new language

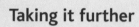

Level 1 beginner's courses

Easy-to-use book and cassette or CD* courses.

Available in French, Spanish, German, Italian, Greek and Chinese.

* CDs for French and Spanish only.

Taking it further

Level 2 in Spanish, French and German
Level 3 in French

Increase your vocabulary, fluency and confidence with these higher level book and cassette courses.

Also available online for French and Spanish Level 1:

For students:
Multi-choice grammar exercises

For teachers:
Photocopiable exercise sheets, teacher's notes and tapescripts

For all courses:
A free site licence is available on request permitting duplication of audio material for classes (conditions apply)

Extra practice

Activity Books with imaginative and varied exercises

Available for Level 1 French, Spanish and German

Available from all good bookshops, or direct from Palgrave Macmillan.
Please call Macmillan Direct on 01256 302866
All course books are available on inspection to teaching staff where an adoption would result in the sale of 12 or more copies. Please email lecturerservices@palgrave.com
For further information log on to www.palgrave.com/breakthrough